船到荷蘭自然直！

樂天卻務實，慢活更快活，地表最高民族的幸福人生秘方

目錄

目錄

7 跨文化教養！挑戰荷蘭養小孩

作者序

帶點冒險精神，勇敢出發！

很好奇，在大家的心目中，決定一個洲際搬家，需要多久的思考期？

對我來說，從美國搬到荷蘭，那是兩個禮拜的思考，五分鐘的決定。當時已經有共同未來規劃的伴侶，很意外地獲得了在荷蘭不錯的工作機會。錄取後，他詢問我的意見，我覺得，能在專業上這樣挑戰自己，非常難得，鼓勵也支持他先答應下來，其他的，再說吧。總是可以想到辦法的。

當然心裡還是忐忑。搬來荷蘭之前，因為唸博士班和工作的關係，我已經在美國居住了六年。去美國前斷斷續續的透過文字、閱讀、影集、電影和歌曲來認識這個國家。雖然得到的美國印象，和我實際居住的美國中西部有些文化上的落差，但總是有個大概的了解。

可是，先前準備固然有幫助，但後來根據實際在美國生活的經驗，我發現在地參與、在地體驗更重要，得經過這樣的互動，才能夠對那裡的文化或人真正有感覺。

總之，就這樣，出發了。兩個月後伴侶先搬到了荷蘭，然後我加入，女兒也在荷蘭出生，全家共同開始一趟精采的生命旅程。

幾年後，當我受到邀請寫一本跟荷蘭有關的書時，真是太高興了！因為在荷蘭，我學到很多，體驗很多。她不是我居住過的許多國家之一，她是我成家立業的起始之地，所以不僅對這裡有著特別的情感，一路行來，受到很多台灣、荷蘭、各國好朋友的照顧，也真是點滴在心頭。

這些都被我細細記錄下來，在這本書中想要跟大家分享。這不僅僅是一本文化介紹的書籍，它也是外來者在荷蘭生活後，充滿體驗心得的真誠分享。

這麼多年了，還是有好多人問我怎麼這麼勇敢，總是說搬家就搬家？

在這本書中，住在船屋的荷蘭朋友這樣說：「不要害怕做出選擇，新的狀態會創造機會，帶來新的嗜好。生活在船上，生活在水上帶來快樂，新的友誼、自由和平衡。」

我說，勇敢出發，帶點冒險精神，船到荷蘭自然直，繞過這個蜿蜒，更廣闊的大海，風景秀麗的湖泊，或者另一段窄得不得了的運河，都是新的生命經驗！

恩儀

前言

跟我一起認識荷蘭

雖然對旅居海外不陌生，但移居荷蘭之前，除了知道台灣稱荷蘭為紅毛以外，對荷蘭（尼德蘭）這個國家卻是非常的陌生。先是因為伴侶的工作安排，來到了這裡，我也很快地找到工作，有了自己的職場，在建立家庭養育孩子中拓展生活圈。我們的生命和荷蘭慢慢融合交織，有苦有樂。

真的，我是到荷蘭後才逐漸認識這個國家的。荷蘭針對新移民有提供融入課程，但沒有強制要求像我們這樣的高科技技術移民必須參加。雖然因為沒有參與融入課程，所以沒有辦法在一開始馬上就系統性地認識荷蘭文化，多數的生活考驗都是遇到了，先摸索，才找到答案。也許花了稍多一點的時間，也沒有辦法馬上有立即性的解答，但我自己很享受這樣做中學、做中體驗摸索文化的歷程。

同時，也因為沒有透過制式學習，來戴上政府希望新移民戴上的「眼鏡」看待這個文化，這個理解的歷程更舒適。畢竟有些參與融入課程的人曾經體驗到，原始價值觀和地主國意識形態相抗衡，然後因為權力關係不對等而潰敗的歷程。

很幸運的，我不用面臨這樣的挑戰，能夠用自己的方式和步調，反省思考日常中遇到的一切，然後慢慢理解荷蘭文化。甚至，因為我不用被強迫接受，所以即使遇到不喜歡的、不適應的，反而可以學習荷蘭人的容忍，彼此能互相包容意見不完全之處。

在公領域，我是在荷蘭研究型大學任教的學術研究工作者，是海外女職人；私領域，我是一個女子、一個媽媽、一個文化觀察者。因為做的是和人以及場域高度相關的教育研究，所以，凡事都會先想到在事件裡的人是什麼感受，為什麼這個場域會形成這個文化。自己客居異鄉的身分更像一個業餘的人類學家，在做出結論前，通常會慢慢觀察。

這本書誠摯地邀請大家，從大的面向到小的點，走入一個移居者的生活，和我一起認識荷蘭，喜歡荷蘭。

1

Hallo！！
親愛的尼德蘭你好！

尼德蘭的第一印象

地表最高的民族

我是在很意外的狀況下來到荷蘭居住的，決定要洲際移動的決策歷程很短，看工作條件好，就決定要接受挑戰。文化、語言、生活適應等等，都是後來才想到的事。所以，並沒有先研究好荷蘭的一切，才到這裡印證。完全就是從生活、工作和互動中去累積經驗和觀察，再回頭去與人討論，然後慢慢和這個國家變成朋友的。

大家對荷蘭的第一印象是什麼？正確地說，應該要問大家，對「尼德蘭」的印象是什麼？是的，我就是那個荷蘭、尼德蘭傻傻分不清的人。

我任教的大學，每年都有暑期學校，這是國際交流的大好機會，根據統計，每年大概都曾有超過七十幾個國家，共近九百位來自世界各地的學生來選課。暑期學校的開幕式流程都一樣，總是先有介紹的短片，短片裡會清楚解釋，這是個有十二個省分的國家，真名叫做尼德蘭（The Netherlands）。而慣用簡稱的荷蘭（Holland），其實只包括兩個省分：阿姆斯特丹所在的「北荷蘭」（North Holland），和鹿特丹與海牙所在的「南荷蘭」（South Holland）。因為南北荷蘭是政治經濟的集中地，所以「Holland」成了國家代名詞，連官方觀光網站都是「Holland.com」。

二〇二〇年開始，尼德蘭政府決定耗資二十萬歐元（約六百七十四萬台幣），**在所有對外宣傳活動上正名使用「尼德蘭」（The Netherlands），其中很重要的是，想要讓大家知道，這裡還有更多景點**。向來大賺觀光財的尼德蘭，希望有機會將觀光客導引到不同的省分參觀旅遊。不過新聞當時也有說，荷蘭在台辦事處宣布，中文正式名稱仍會延續自清朝以來的傳統，繼續稱作「荷蘭」。所以，本書從善如流，英文稱這個國家「The Netherlands」，但中文就繼續稱它為「荷蘭」。

既然連官方都出面認證了，實在也不能怪大家搞錯。

接續在介紹影片後面，暑期學校開幕式的第二段，按慣例是暑期學校教務長會騎著代表學校顏色的紅色腳踏車進場。不論該年度的教務長年紀或性別，他們總是會來一小段腳踏車特技表演。有一年有位長官更是直接整台腳踏車拉孤輪，連人帶車跳到舞台上，獲得掌聲最多。**講起荷蘭，擅長騎腳踏車也是很常被提起的第一印象**。不過國名、腳踏車，甚至風車、鬱金香、米飛兔，都不是這個國家給我的第一印象。我對荷蘭最初的印象，也可以說是某種震撼教育，就是這裡的人真的好高啊！

荷蘭人有多高？

荷蘭男性平均約一八三公分，世界第一高，女性平均約一六五公分。根據二〇二〇年金氏世紀紀錄世界身高最高家庭的頭銜也在荷蘭，一家五口平均身高居然高達約二〇一公分，真是驚人。

伴侶雖然是美國人，但大概因為瘦瘦高高，所以偶爾會被誤認是荷蘭人，遇過好幾次，排隊的時候，明明店員對前一位說英語，到了他就會突然切換成荷語。

荷蘭人為何身高這麼高？說法有很多。有人說是吃很多起司、喝了牛奶營養好，有的說是先天加後天，基因有差，同時多喝起司牛奶。有人說跟睡覺有關，睡得多長得好。當然還有人分析過去的荷蘭人，發現和同樣身高的女性結婚，高個子比矮個子的男性，更有吸引力，容易生出更多的小孩，也就是長得高生得多。不同說法都各有依據和支持者。

來到這樣的高個國，自己身高只有一五八公分，在台灣勉強普通，和荷蘭男性平均相差約二十五～三十公分，我每天都體驗到哈比人的日常生活。首先就是搭電梯的時候，常常會覺得自己身邊站了根柱子。有時候和幾位特別高的人，或者是那些穿著高跟鞋的荷蘭女同事一起搭電梯，難免都會胡思亂想，這些人是不是在我頭上眼神交流，或者觀察我的頭皮。

另外就是擠公車時的意外傷害，**不知道為什麼荷蘭人不是很喜歡排隊**，這可不是個人偏見，網路上外國社群這方面的抱怨不少。上班時間，得跟大學生一起等公車，大家也都沒有在排隊的，每次看到公車，學生總是蜂擁而上，常常讓人有正在逃難的錯覺。但別擔心，我總是能在人群中被夾帶上車。只是，因為身高問題，只要有學生轉身，就很容易被後背包打得暈頭轉向。

高個子民族的荷蘭小屋子

不過這麼高個子的民族卻住在相對狹小、跟娃娃屋一樣的房子，又是另一種反差。

・反差一：房子窄而深

其實，就算沒有來過荷蘭，講到荷蘭傳統建築，多數人腦海中會自動浮起精緻多窗尖頂的傳統荷蘭房子。荷蘭傳統建築物常常是門面窄的狹長型房子，佔地都不太大。狹長型的房屋設計，據說是因為十七到十八世紀時的稅收，是根據房屋或建築物佔用的人行道空間，也就是依寬度徵稅。**為了避開高額稅款，建築物往往被建造得窄而深**。

當然，還是有很多巧門。我所居住的小鎮，有個舊居是國王的御醫住所，門面很窄，只有兩扇門寬，一扇門平民來看病時行走，另一扇專門給國王使用，但屋子是葫蘆型，窄門進去後先是長形的起居室，後頭卻是個圓形寬闊的大花園，別有洞天。

‧反差二：陡峭樓梯

另一個荷蘭屋子的特色，就是**為了節省空間所發展出來的陡峭樓梯**。不僅陡峭，樓梯面的寬度通常也窄，這點在旅人間很有名。阿姆斯特丹很多旅社是老房子改建，外觀很可愛，然而在陡峭的樓梯搬運行李，卻是對旅人的一大挑戰。不只舊建築如此，我們第二個居所是全新的建案，樓梯沒幾階，就是近乎九十度直角的轉彎，腳可以踩踏的面積，瞬間減少一半。我數過家中樓層間有十五層階梯，完整的居然只有二階，其他十三階都為了最大化空間利用，縮減成狹長的三角形，連大人行走都要特別留意步伐。

・反差三：不裝窗簾的大窗戶

不過，最值得討論的當然還是荷蘭建築常見的大窗戶，這點充分反映出歷史與民族性。**荷蘭的房子特別是一樓，面向人行道的這面，通常會有整片的大窗戶，傳統上據說大窗戶甚至是不裝窗簾的**。我雖然不迷信，但受風水觀念影響，喜歡格局方正採光好的房子，所以這個可以讓光透進屋子的大片窗戶，可說是深得我心。

關於為什麼屋子會有大片窗戶，卻不喜歡裝窗簾的解釋有好幾種，第一種最有歷史與文化淵源，荷蘭傳統上深受喀爾文主義（Calvinism）的影響，現代荷蘭人雖然多數可能會說自己是無神論者，但是喀爾文主義的內涵：「勤奮的工作、紀律和節儉」，仍然根植在荷蘭文化當中。

喀爾文主義認為既然外在表現簡樸，內在也應該要如此，所以大片窗戶可以讓鄰人一望就知道自己的居家布置並不奢華，顯示出誠實的態度。另一種說法是荷蘭人重視社區和社會凝聚力，如果裝上窗簾，好像就是遮掩或不想與人互動。曾經有美國移民上網求助意見，他們被警察上門關切是否有虐兒的行為，其中原因就是荷蘭鄰居覺得他們家有幼童，卻常常拉上窗簾，相當可疑。

當然也有八卦的起源，有人說，過往荷蘭男性長時間在海上，為了讓鄰人不要起不必要的疑心，杜絕無謂的流言，在家的荷蘭婦女乾脆不裝窗簾，讓鄰人看見自己的坦蕩。

我觀察過，現代荷蘭人真的完全不裝窗簾的不多，但很多人不一定會裝上全滿的窗簾，有些家庭僅象徵性地掛上半截長的蕾絲窗簾，或者疏落的擺上幾株小盆栽，或者在視線可及的水平面貼上不透明的貼條。

在路上行走，也會發現很多人即使有裝窗簾，也不會常常把窗簾拉起來，不論是在起居室看電視、看書或休息，或者煮飯，路過都可以看到屋裡的風景。有時候經過陌生人家，剛好視線對上，室內的人和行人還會互相打招呼呢。只是當然，盯著人看還是不禮貌的。

Go Dutch 的偏見

「Go Dutch」這句諺語的起源也是眾說紛紜，但跟荷蘭人小氣不願意請客好像並無直接關係。諺語的由來，是十七世紀的時候，英國和荷蘭因為在海上貿易有路線的爭奪，所以英國人把「Dutch」當成貶意來使用，把傳統上荷蘭人節儉的印象做一種偏見性的延伸。

我很好奇那今日的美國人使用這個片語嗎？隨機問了周遭的美國朋友，他們都知道「Go Dutch」的片語和由來，只是回想不起來曾經何時會用到，有一位還說他感覺自己都沒聽過周遭有人真的這樣說。有人說，如果他聽到這個片語，直覺會認為這應該是特別指在約會裡面男方女方各付各的。所以，個人意見啦，今日還是不用這個片語為佳，有更好的表達方式，而且荷蘭人節省是常態，但要稱之為小氣，有時也不至於。

有次和幾位都是嫁娶荷蘭人的台灣朋友聚會，其中一位發難，抱怨起她小氣的荷蘭親戚，最後她補了一句，就是荷蘭人啦，所以這麼小氣。可是另一位馬上也說，不會啊，她的荷蘭親戚非常大方周到，每次來都會帶來美麗的花卉送她。大家討論一番以後的結論是，如果已經覺得荷蘭人天生小氣，遇到時，或許就更容易被這個印象帶著走，但或許這真的很可能是某種過度被強調的刻板印象。

根據在歐美念書與旅居海外十多年的經驗，除非是男女約會，平輩外出吃飯，平分帳單或各付各的才是常態。很多時候，大家會到點餐處，輪流點自己要喝的飲料，或者自行到櫃檯，結清自己的帳單。如果跟前輩或上司出去喝咖啡，有時對方會付帳單。那如果是公費出差有補助餐費的，不少單位的訓練和潛規則都是由職務高的人先付帳單，再事後請錢，絕對不會讓比較資淺的墊錢，這點倒是和台灣還滿不同的。

這幾年實際在荷蘭生活，工作場所，和同事互約喝咖啡，常常是由一個人負責去端咖啡，另一個顧包包，輪流幫對方付帳，很稀鬆平常。所以是否真的在荷蘭就一定各付各的，恐怕還是跟情境和經濟狀況有關。

只是不論是習慣或者方便，比較麻煩的就是你幾毛我幾塊的在桌上算來算去。在荷蘭，現在現金交易減少，銀行也規定一年只能存入多少現金，多的還要收處理的手續費。所以皮包裡常常都是缺少現金的，那還好，電子商務發達的好處就是可以由一個人去付費，然後寄送電子付款的連結。

「Tikkie」就是荷蘭專用的ＡＰＰ，可以綁定自己的帳戶。要收款的人可預先設定好，寄送一個電子連結給需要付款的人，需要付款的也只要點選連結，再登入個人網路銀行，輸入密碼，付款非常方便。有些荷蘭銀行的ＡＰＰ，也自建這種「討錢功能」，這真是避免了算錢的尷尬和麻煩。

當然，荷蘭人自我解嘲說，還真的得是荷蘭這樣的民族性，才會發想出這樣的ＡＰＰ。

荷蘭人真的特別節省嗎？

那荷蘭人在錢財上的觀念究竟是如何呢？他們有特別節省嗎？他們愛存錢嗎？荷蘭朋友倒是滿喜歡開荷蘭民族性小氣的玩笑。這類型的冷笑話聽不同人說過好幾次了，有人說荷蘭人是冷幽默型的民族，必須承認，我還真不確定該怎樣反應這類型的笑話。

剛到荷蘭時，租賃公寓，房東提供洗衣機，但當時我考慮要自行添購烘衣機，剛好房東來檢查屋子，就隨口跟年輕的房東提起這件事情。房東是約莫三十歲的荷蘭人，沒想到，他很正經的勸告，衣服曬乾、晾乾就好，不要花這個錢。他為了加強說服的力道，還說烘衣機在荷蘭不流行啦，因為荷蘭人都很小氣，所以絕對不會花電錢烘衣服，寧願曬衣服。當下感到有點尷尬，畢竟在我的認知，小氣不是一個好的形容詞，為了緩和氣氛，馬上就附和地說：「對啦，曬衣服確實比較環保。」沒想到，房東先生很認真地又重複一次，「不，是因為荷蘭人真的很小氣喔，那個會花錢的。」哈哈，我也只好陪笑兩聲。

就算荷蘭人不算特別小氣，那他們是特別喜歡儲蓄嗎？這點好像也還好。荷蘭文化雖然鼓勵簡樸生活，但對於儲蓄並不太鼓勵，存太多現金在銀行，不僅利率低，還得被收管理費，超高現金存款的個人或商家，近年有些荷蘭銀行甚至開始使用負利率。

根據荷蘭這幾年所做的統計，荷蘭人的平均存款並不算高，二〇一九年荷蘭人平均可支配銀行存款才2.2萬歐元，在歐元區是偏低的，二〇%的荷蘭人連像樣的存款都沒有。不過雖然存的不多，荷蘭人好像也覺得還好，有五一%的人滿意自己所存的數目。

荷蘭算是社會福利完善的國家，如果是非預期性失業，被遣散，也有失業救濟金可以領，福利在歐洲算是前段班。大概也是這樣，所以荷蘭人比較沒有要為未來風險儲蓄的概念，某種程度也可以說心理的財務安全感比較高。

天性精打細算

不過**荷蘭人確實是有著不怕麻煩的精打細算個性**。荷蘭各商家主打的便宜商品各有不同，而且每週都有特價商品，不少荷蘭人會不辭辛勞的，這家買這個，那家買那個，跑好幾間商家，才把一週所需的物品買齊。另一個精打細算，就是荷蘭人也很愛集點。在台灣就喜歡收集便利超商集點的我，到了荷蘭，感覺真的是找到知音！

荷蘭的大超市，一年四季總是有各種不同的滿額集點兌換，有時候是鍋碗瓢盆的加價購，有時候也會有好吃餐廳的買一送一優惠，或者是健身房免費一個月的會員。購物完，結帳店員會問妳要不要貼紙，如果要集點，就依照購買金額發對等數量的貼紙給妳。

還記得第一次透過超市活動，集滿餐廳買一送一優惠券時，有點擔心會不會因為使用這樣的優惠，而得到比較差的服務，還請教朋友。結果，對搭配的荷蘭店家來說，使用這樣的優惠來消費也算文化的一部分，店家的服務當然一視同仁。當天事前先訂位，備註告知要使用這樣的優惠，點餐時再提醒一次，就可以了。

這時候不論是荷蘭人、台灣人或美國人，能夠以一份餐點的價錢，享受兩份餐點，吃起來真的是感覺特別美味啊。

荷蘭人喜歡在哪方面花錢？

簡單說，我並沒有感覺荷蘭人特別小氣或節省。**荷蘭人的金錢觀最準確的說是務實**，該花的花，該省的省，不需要做外在面子。只是如果不是住在這邊，大概比較沒有辦法感受到他們喜歡花錢在什麼事物上。

居住荷蘭期間，為了有更大的空間，在第四年從公寓搬進新建的房子，管理房產的業主要求做信用核實。當時，心裡有點擔心自己的信用紀錄會不好？因為過去的經驗，在美國這個鼓勵消費的國家，負債多少雖然影響信用紀錄，有借款有穩定還款，才是累積良好信用紀錄的方法。而我們在荷蘭，當時任何借貸紀錄都沒有，會不會沒有信用紀錄啊？還好，查核結果是優良，而且足夠的存款，使我們被認定是風險指數偏低的一群。**荷蘭人並不鼓勵大家借錢來花**。

喜歡居家布置

時尚流行精品在荷蘭也是不風行的，不論是身邊認識的荷蘭朋友，或者觀察到的社會風氣，名牌的包包或服飾並不常見。有在都會區國際精品業服務的朋友說，如果在荷蘭的精品店只做本地人的生意，恐怕都會倒光了。

但是**不喜歡購買精品的荷蘭人，卻很願意將金錢投入居家布置**，畢竟這不僅是生活情趣，也認為有舒適的居家環境，最大的受惠者就是自己和家人。如果有機會到荷蘭人家作客，反而會發現不少看似不起眼的居家小物，卻可能是價錢不便宜的設計品。

喜歡出遊度假

荷蘭人每年夏天都會安排出遊度假，出遊期間的交通食宿，也是一筆不小的開支，這筆錢通常是不會省的。度假也不一定是到其他國家的名勝景點打卡，全家人在荷蘭境內租個獨棟小木屋，親近大自然，好好休息，也很常見。有同事每年全家固定到小木屋住上一週，這一週內完全不檢查工作上的電子郵件，也不用 3C 打發孩子，除了戶外玩耍，也會一起玩桌遊和閱讀。

喜歡園藝和花卉

另外，或許因為本身就是花卉出口的大國，**荷蘭人也很喜歡園藝和花卉**。每位荷蘭消費者平均在園藝上每年花費三十三歐（約一千一百四十台幣），而美國是二十五美金（約七百五十台幣）；荷蘭人喜歡日常買花，美國則集中在節慶時間，可見喜愛的程度。

花卉園藝這或許不是非常高昂的生活支出，但是每週四和六，居住的小鎮都有花卉市集，就可以看出荷蘭人喜歡買花布置的習慣。拎著從花市買的簡易包裝花束，悠閒地走著或騎著腳踏車，是常見的街頭景象。荷蘭人對園藝種植的喜好，也可以說是從小培養起。到了四月的春天，荷蘭最大超市贈送的免費滿額小物，就成了草本花卉植物的種子和小的植栽盆，鼓勵家長能在家裡帶著孩子體驗栽種的樂趣。

而在荷蘭人的花園裡，除了美麗的花草，佛陀像也是很常見的裝飾物。可千萬不要以為這是因為宗教信仰的緣故，這裡的意象比較像是東方味的禪學。佛陀像有多受歡迎呢？據說在約一千七百萬人口的荷蘭中，居然有差不多三百萬人的家裡有佛像呢！

喜歡二手物品

此外，**荷蘭人傳統上就以惜物出名**，演變至今，每個城鎮幾乎都有二手物品的商店。我喜歡逛這些商店，常常可以發現很多有趣的好東西。在荷蘭租屋通常不帶家具，所以給外國人的忠告之一，就是除了到ＩＫＥＡ這種連鎖家具商買東西，也可以試著到地區的二手家具店撈寶。二手家具，往往造型古樸、價錢又好，當初有選到一張很好的實木餐桌，用了幾年都還非常牢固，真的是很喜歡！地方社團，也常常舉辦小孩二手衣物的交換市集，在這裡接收二手衣物或玩具，是非常恩典的事情，也不會奇怪。

除了生活用品之外，喜歡二手或復古物品的朋友，也可以在荷蘭找到自己喜歡的市集。有部落客專門整理推薦，包括阿姆斯特丹融入在地生活市集「Amsterdam Blend」、卡普復古市集「De Kaapse Vintagemarkt Rotterdam」、復古市集「Atelier Vintage Market」，都是出了名好逛好吃好玩的短期季節性市集。居住地台夫特四月到十月，每週六都有的台夫特古董市集「Delft Antique Market」，更是讓人流連忘返，只逛一次，保證是意猶未盡，不夠過癮。

熱愛統計數字的荷蘭人

實事求是，沒有灰色地帶

身為學術研究者，撰寫文章查找資料時引用正確資訊來源，是日常工作的一部分，在建立概念時，如果有統計數字佐證，更是增加論點的信服力。而在提供各種統計資料數字上，荷蘭人絕對是個中翹楚。

荷蘭人熱衷於統計數字，仰賴事實證據與資訊的傳統，反映荷蘭人實事求是理性的那一面。

現代社會，政府決策仰賴數據，參考分析後才做出決定，大概都不稀奇。而荷蘭人早在十九世紀，一八九九年就成立統計局CBS，提出「事實是重要的」（Facts that matter）的口號，開放統計資料，讓公眾可以隨著個人興趣，查找整理出自己需要的表格。在假新聞滿天飛的年代，荷蘭統計局ＣＢＳ致力於提供真實的統計數據，並且不做過多的預測，這點非常值得學習。

ＣＢＳ每年產出很多品質優良的報告，例如每年都會公布詳細的經濟數據和各種指標，以供做投資參考。但是，同時ＣＢＳ也有就業、收入與支出等各種數據報告。延續前面談的金錢觀，接下來從整理ＣＢＳ的數據，透過熱愛統計的荷蘭人所整理的資料，來聊聊薪資水準與收入。當然，還是要再次提醒大家，這些固然都是經過統計整理的事實數據，除了知道數字以外，數字背後的原因、文化和現象，才是更為有趣，值得進一步討論的。

從數字看荷蘭的「薪資」

因為當初就是為了工作來到荷蘭，所以除了考慮未來的職涯發展，第一個關心的問題，就是這樣的收入在荷蘭還算可以嗎？不求特別豐裕的生活，但除了基本開支，希望每年可以至少存下回台灣和美國兩地探親的機票錢。

通常，只要講到住在海外，尤其是在海外有工作，很多人會很好奇，在荷蘭薪水高嗎？收入好嗎？一般來說，我沒有感覺被冒犯，當然會看問話人的交情深淺，來決定怎樣回答。歐美人士普遍避談薪資收入，認為這是個人隱私。但對台灣人來說，特別是長輩詢問收入，我都會善意地理解成他們真正關心的是你在那裡還好嗎？海外生活的開支夠用嗎？如果這樣想，被問到的時候，就比較不會感到不開心。

在美國或西歐，多數的正職五天初階工作的收入，換算成台幣後，幾乎沒有不是年薪百萬。乍聽之下，薪水收入不錯。然而，有些國家，例如荷蘭，是屬於高稅率的福利國家，稅制和台灣一樣是累進稅率，但稅率相對高，以二〇一九年統計，年收入的部分實際算起來要繳給政府最少都是三七％（註1）。

一般來說，公司談薪水都是稅前的數字，所以很明顯的，稅前的薪水數字可能不差，但是繳完稅後，真正放進口袋的數字，會差上一大截。更不要說，還得加上各地生活水平和消費指數的差異。

所以荷蘭的「薪」情究竟如何呢？CBS的統計資料顯示，二〇一八年，荷蘭人年主要所得的中位數大約是三萬四千一百歐元，歐元近年貶值，大約等同於台幣一百一十九萬年薪。那如果年薪有達到十萬歐元左右（約台幣三百萬），這個收入就比九〇％的荷蘭人要多了。不過真的領到手，稅後薪資就又不一樣啦，差距非常多。

舉例來說，如果沒有其他特別的稅務優惠，年薪十萬歐元和三萬四千一百歐，雖然稅前看起來相差約三倍，但因為高稅率的威力，前者實際每個月稅後收入是四千九百零二元，後者是二千兩百六十歐，稅後的差距就減為兩倍左右。

整體說來，荷蘭的薪資比鄰國略低，這也有歷史原因的。二戰後，荷蘭在邁向社會福利國家的歷程中，福利和稅收制度不同步的調整，產生落差。同時加上荷蘭一度相當仰賴天然氣出口，靠出口天然氣和舉債來增加財政收入，一九七〇年代開始，財政問題開始出現。而一九七三年世界經歷第一次石油危機，荷蘭國內請領失業補助者增加，又衝擊到社會福利系統，整個問題被稱為「荷蘭病」。

於是為了解決荷蘭病，荷蘭政府在一九八二年，和工會協商後，祭出抑制工資上漲和減少工時的策略，創造了更多就業，成效良好，幫助荷蘭經濟重回軌道上，甚至創造了荷蘭奇蹟，然而也就這樣，把整個薪資水平稍微拉低了一些。

三個來自荷蘭統計局的有趣數據分析

- 來荷蘭旅行，很多人會推薦買一張博物館卡。全荷蘭有六百九十四間博物館，在二〇一五年總共吸引了三千四百四十萬人次造訪參觀。如果有在二〇一五年來荷蘭旅行的朋友，可以回想一下自己貢獻了幾個人次。
- 二〇二〇年底，CBS也整理出近年來與數字一～一〇〇相關，荷蘭文化有趣的豆知識，例如有四四％的荷蘭人過重，四九％年紀超過十五歲以上的荷蘭居民有註冊伴侶。六四％的女性經濟獨立。而在二〇一九年有兩位高齡九十五歲的男士仍然勇敢對婚姻許下承諾，由於荷蘭是世界上第一個同性婚姻合法化的國家，資料還特別註明，這兩位男士並不是和彼此結婚。（註2）

• CBS也會統整資料，讓荷蘭人參考知道自己國家在歐盟的相對表現，在二〇一九年發布的報告中，成人對於生活滿意度，荷蘭是歐洲第七名；荷蘭收入不平等的表現在歐洲是低的，換言之，荷蘭貧富差距不算大，是全歐洲表現第四名的國家。考慮到二〇一九年「世界經濟論壇全球競爭力報告」，調查全球一百四十一個國家的經濟增長與生產力，荷蘭是歐洲最有競爭力的經濟體。在經濟往前衝的同時，能夠維持較小的貧富差距，確實是非常難能可貴。

這麼多的數字，希望大家沒有眼花撩亂。外地人來到一個新的文化，很多時候也像盲人進入房間摸大象，很容易摸到不同部位就去過度想像推論大象原來長這個樣子啊，所以有人說大象長長細細，那可能就是摸到鼻子，有人說大象像柱子，那可能就是摸到腿。我盡力透過日常生活、小孩的成長環境、伴侶和我不同的職場領域，去認識這個國家和住在這裡各式各樣有趣可愛的人。這些第一手經驗很重要，但同時，這些統計數字則描繪出更全面性的荷蘭現況，也能幫助了解荷蘭。

除此之外，如果說我在這些數字中還學到什麼，**就是面對如此實事求是的民族，如果想要說服他們，恐怕得先做好自己該做的功課，拿出數據來好好溝通呢**。

---

1 二〇一九年，年收入的部分，20,384 歐元以下是繳 9%、20,384～34,300 繳 10.45%、34,300～68,507 繳 38.10%、68,507 以上繳 51.75%。前兩個比較低的稅率級距還得繳社會保險金，所以實際算起來要繳給政府的最少都是 37%。

2 可至以下相關網站查詢 https://www.cbs.nl/nl-nl/achtergrond/2020/52/de-top-100-van-het-cbs-editie -2020

與水共榮共生的航海民族

荷蘭人創造荷蘭

航海民族的天性

上帝造海，荷蘭造陸，也有人說上帝創造世界，荷蘭人創造了荷蘭。

古諺語充分揭示了荷蘭人自古與海爭地的歷史，海洋曾經是荷蘭人的敵人，荷蘭有近二〇％的國土是與海爭來的，有三分之一的面積低於海拔。一九五三年北海風暴帶來的洪水，造成數個西南方海坊潰堤，超過十五萬公頃的土地被淹沒，約二千名居民喪生，這段慘痛的過去，不少荷蘭人還是記憶猶新。

而從十六世紀，荷蘭人開始航向世界，累積財富，經濟與文化蓬勃發展。台灣人耳熟能詳的荷治時期（一六二四～一六六二），正是屬於這段歷史。航海經商使荷蘭人口袋滿滿，所以雖然是土地面積比較小的國家，但卻能以領先者的姿態進入工業社會。鹿特丹一九六二到二〇〇四年是世界上最大的港口，直到後來才被新加坡和上海追趕過去；二〇一七年，年度貨運量仍然位居世界前十大，同時也是歐洲第一大港。

然而，過往的殖民，固然創造出荷蘭的歷史榮光，十七世紀也被稱為荷蘭的黃金年代，但是曾經帶給殖民地的創傷，至今仍在二十一世紀的荷蘭現代化社會低吟迴盪。雖然反省還未完成，仍在前進的路上，但從二〇一九年開始紀錄阿姆斯特丹城市歷史的博物館，決定不再使用「黃金年代」這個稱呼，可以看出荷蘭社會正慢慢地以更多元的角度審視自身的殖民歷史。

與海爭地

荷蘭人長年與海打交道，與海爭地的過程至今都仍然持續著。有人說荷蘭現今出名的一切，腳踏車、運河、起司，與象徵意象的風車和鬱金香，都和這個地理與歷史因素有關。因為是從海裡慢慢建造的平坦低地，所以腳踏車是很適合且有效能的交通工具。跟傳統認知的填海爭地有點落差，荷蘭人與海爭地的過程，其實是先築堤坊圈起一塊地，接著用風車把水慢慢抽乾，形成灘地，然後在低窪的地方挖運河，集水同時再把土堆疊到灘地上。肥沃的灘地長出豐美的牧草餵養了乳牛，讓荷蘭成為乳製品大國，製作出各種美味的起司。而排水性佳的沙質土壤，也非常適合鬱金香的生長。

至今，荷蘭境內仍有很多運河水道，運河與道路都是城市的一部分。不少荷蘭現存的街道廣場名稱，也和水文有關，首都阿姆斯特丹（Amsterdam）和大城鹿特丹（Rotterdam），名字中就藏著水壩（Dam）。在不少城市，不論是大型活動或日常，運河是生活的一部分。

運河上溜冰

溜冰是荷蘭的國民運動，也是國家隊在冬季奧運稱霸的項目。二〇一八年的冬季奧運競速滑冰的十四面金牌中，荷蘭就囊括了七面，非常厲害。五十歲左右的荷蘭人，回憶青少年，也都會提到他們在結冰的運河上溜冰的記憶。在全球氣候還沒有暖化，也沒有這麼多異常氣候之前，荷蘭冬天，運河幾乎是全面性結冰。荷蘭北部的弗里斯蘭省會，曾經舉辦過數屆全長約二百公里的大型旅行滑冰比賽，沿著運河，滑冰者穿越該省所有十一個歷史名城，最後一次吸引到近一萬五千名的職業和業餘的滑冰愛好者參加。

但這樣的滑冰，必須有連續好幾天、甚至好幾週的低溫，才能讓全部的運河都有足夠的冰層厚度。競賽已經多年沒有舉行，最後一次據說是一九九七年，二〇一二年時一度討論復辦，但最後基於安全理由仍然取消。

來到荷蘭後，起初幾年，天氣都偏暖，冬天都只下了薄雪。但二〇一八年三月時，氣候異常，三月一日普遍被認為是荷蘭春天的開始，但那年據說是一九四七年以來最冷的溫度，被稱為東方野獸的「歐洲的西伯利亞寒流」帶來嚴寒的天氣。當時居住城鎮的溫度是零下四到七度，體感溫度更是只有零下十四。非常難得，沒有下雪但運河結冰。二〇二〇年的一月，更是據說下了十年來的大雪，有一整週都是零下溫度，運河當然也結冰。

這是我居住的這兩年，唯二看到運河有足夠的冰層，附近的大人小孩都拿出家裡的冰刀，在結冰的運河上溜冰。二〇二〇年運河結冰時，正是新冠肺炎嚴峻的時刻，疫情已經蔓延一年，然而大人小孩把握這樣難得的機會，好多人都說那一週的歡樂時光，讓人們暫時忘卻現實的困難。

運河上的甜蜜旅館

天氣好的時候，在運河上搭船是種享受。除了搭自家的小船，大家三五好友曬太陽、喝啤酒。沿著運河搭船，遊覽城市也向來深受觀光客喜愛。阿姆斯特丹、萊登、烏特勒支、台夫特、馬斯垂克都很適合搭船遊老城區。而除了遊運河，旅客或許還可以考慮在阿姆斯特丹的甜蜜旅館住上一晚，體驗守橋人住在船橋屋的感覺。

甜蜜旅館是個都市創新與歷史保留的建築計畫。在阿姆斯特丹六條橫跨河道的橋上，共有二十八間船橋屋。船橋屋是橋的一部分，早年是守橋人值勤的居住地，他們主要負責看守船橋的開關，移動橋面讓比較高大的船可以駛進市中心，同時也協助監測水位。

船橋現在當然還繼續使用，只是操作多數已經自動化，不需要有人駐守，船橋屋也不再有使用需求。

二〇一二年建築事務所「Space & Matter」提出都市改造計畫，將船橋屋改造成可以容納兩人的房間，作為迷你出租旅館，並且命名為「甜蜜旅館」，二〇一八年四月開始正式營業，至二〇二〇年已經完成二十間的改造。

建築師強調改造過程盡量保留歷史元素，希望將住宿者帶入過往的歷史氛圍。這些迷你的船橋屋旅館有些是國家古蹟，最久遠的可追朔到十七世紀。有些在繁華的十字路口中間，有些則是在安靜的河道邊。共通點是住宿旅客都能欣賞到阿姆斯特丹運河的景色，也可用另一個角度體驗阿姆斯特丹。

荷蘭人的安全親水觀念

找後來才知道，運河比想像的淺，居然不到三公尺深。住家附近就有運河道，很熱的夏天，大學生把運河當游泳池，三三兩兩運河旁鋪起毛巾就能做日光浴，不然就下水消暑。

鄰居國中生年紀的男孩活潑，兄弟倆就自己跑去游泳，我問他們水會不會太深啊，哥哥很有自信的笑笑，在水中直接打滾翻了兩圈，弟弟更是撲通一躍就跳下運河。是的，荷蘭人個個可都是國家認證的游泳高手。

荷蘭人不僅與水爭地，也在歷史教訓中學會與水共處。其中很重要的就是希望全荷蘭人都能夠安全游泳的游泳證書（Zwem-ABC）。荷蘭在一八九三年開始推動游泳證書，由國家游泳安全委員會（NRZ）制定標準，二〇一八年還實施新的游泳標準，強調重點在「務實求生」，而非泳姿正確或速度快。

國家游泳安全委員會說他們的目標，就是盡可能提高全荷蘭人的游泳安全性，希望每個人都能在水中玩得開心，能夠生存並且沒有人淹死。而要達到這樣的目標，強調游泳者必須掌握游泳技巧，有能力將自己救出水中，對自己有信心，喜歡游泳，而且在水中能感到舒適自在。

為了取得游泳證書（Zwem-ABC），所有的荷蘭小孩都得去上游泳課。證書分ＡＢＣ三級，難度依次增加。證書著重不同的實用技能，例如在Ａ級考試，考生必須能夠在身著衣物卻「意外」落入水中後，用任何一種泳姿（蛙式、漂浮、自由式、仰式）游一段距離，最後安全上岸。

小學生畢業前必須通過Ａ級檢定，多數孩子大概五歲半、六歲開始學，每週上課一次，約花一年半可以拿到證書Ａ和Ｂ。不少孩子會繼續挑戰，成為Ｃ級證書認證的游泳好手。拿到Ｃ級證書，就表示有能力在開放水域，例如湖邊或者沒有洶湧海浪等較寬的溝渠或運河中游泳。

至於我，雖然自詡為海洋子民，但確實是不會游泳的旱鴨子一枚。當年沒有提早學習，進入公立高中後，才依照學校進度開始學自由式。自由式看起來泳姿曼妙，但是並不容易學習，大班教學，五十公尺自由式的補考惡夢，是現在想起來都會胃部發緊的慘澹青春。自從知道荷蘭的游泳證書制度後，一直在等待自己小孩成長到可以開始練習 A 級證書，我已經下定決心要一起去學怎麼安全地游泳。

與水相處，在治水中也累積了各種人生經驗。就像傳統古老的傳說，治水不能僅是防堵，也要疏導。**荷蘭人善於折衝協調，柔軟中又不失其自我堅持的生意人本色**，相信也絕對受這樣的歷史與生活經驗影響。

五年一度的阿姆斯特丹高桅船盛會

當知道阿姆斯特丹每五年的八月會舉行世界上最大的高桅船盛會，並且在二〇二〇年舉行第十屆（五十週年）時，我非常期待，早早就把行事曆上這段時間空下來。可惜後來新冠肺炎來攪局，這場本來應該盛大舉辦的活動取消，並且順延至二〇二五年。

什麼是高桅船呢？它並不是某個特定種類的船，是指我們常在電影裡看到的那種大型傳統的帆船，想像一下電影「神鬼奇航」或童話故事彼得潘，那種需要多名水手同時操作風帆的帆船。

這種傳統的大型帆船盛行於十八世紀末，不同地區盛行的樣子和形狀各異。一九七五年，阿姆斯特丹市為了慶祝成立七百週年，舉辦了第一次高桅船盛會，邀請來自世界各地的十八艘高桅船與約五百艘不同尺寸的帆船。那個活動的週末，港口停滿了船隻，一時之間彷彿讓人回到大航海時代。因為活動非常成功，就演變成五年一聚的定期活動，現在已經成為荷蘭最大的免費公共活動。

二〇二〇年的活動雖然因為疫情延期，但主辦單位說既然這樣，那就在二〇二五年舉辦第十屆活動，同時一併慶祝阿姆斯特丹市成立七百五十週年，我雖然失望但轉念思考，到時的活動一定精采可期。此外，在荷蘭很少有免費的活動，因此高桅船盛會這樣盛大又免費的活動，大家更是不能錯過啊！

2

荷蘭人的快樂生活哲學

Gezellig 式的荷蘭生活

愉快放鬆、舒適自在

什麼是 Gezellig ?

「Gezellig」據說是最能代表荷蘭文化的單字，輸入 Google 翻譯，得到的答案是 Cozy——舒適。但這個單字的文化意涵太特別，要理解它，絕對不能只是字面上的翻譯而已。

問荷蘭人什麼是 Gezellig？他們一定會很清楚的告訴你，這是個荷蘭單字，沒有概念上絕對對應的翻譯。如果拿這個單字問十個荷蘭人，可能會得到三十個以上的答案。

荷蘭人的典型回答是這樣的：「Gezellig 喔，這個單字有夠荷蘭的，英文翻譯是 Cozy。不過喔，它的意義不只是那樣而已啦。」有些人說：「Gezellig 是這樣，有些人說 Gezellig 是那樣。對我來說喔，Gezellig 其實就是這樣也可以是那樣。喔，對了，當你很那樣的時候，也可以說 Gezellig 喔。還有即使是這樣，也不一定就是 Gezellig。這樣你懂了嗎？啊，不懂也沒關係。因為 Gezellig 是種無法說明的體驗和感受啊。」

唉呦，Gezellig 好特別，好像有點難懂耶。其實，上段文中所有的這樣那樣，都可以帶入舒適愉快放鬆的生活情境場合，透過實際舉例，共同來感受看看什麼是 Gezellig。以下每個情境都是來自荷蘭朋友們真實形容什麼是 Gezellig。

- 冬天時刻，在溫暖的室內，和朋友家人共享熱巧克力或咖啡，搭配好吃的餅乾或蘋果派。
- 有些情境布置也可以很 Gezellig，舒適的抱枕，精巧的蠟燭或裝飾品，或餐桌上一瓶美麗的花。
- Gezellig 是種正向的感覺，多數是和朋友共享。聊天、散步，甚至運動後一起喝杯咖啡。

- 所謂的 Gezellig，就是生命中那些讓你感到快樂的小時刻，和朋友喝咖啡、和家人玩桌遊。
- Gezellig 是在和朋友晚餐的時候，你們聊了些深入的話題，促進彼此之間的了解。
- Gezellig 是種歸屬感，自在舒適。它不是一個成功熱鬧有趣的派對經驗，而是在溫暖的陪伴中感到賓至如歸。
- 和人相聚的時候，你突然在心裡感覺，哇，此刻真的是很美好啊！賓果，那就是 Gezellig。
- 一個房間裝飾的很美可以形容它 Gezellig。但一個人單獨在美麗的房間，不是 Gezellig。
- 親友相聚是 Gezellig，有時候是在院子裡一起喝咖啡，有時候是因為慶祝生日、結婚紀念日、畢業等正式理由而相聚。但如果是認真的聊天，那就不是 Gezellig。
- Gezellig 通常是指非正式的相聚。不是那種哇，今天太有趣太開心了，而是會感到很輕鬆舒服。

- 早餐可以被形容為很 Gezellig，但 Gezellig 不會用來形容午餐和晚餐。
- Gezellig 就是溫暖的冬天起居室，蓋著毯子讀書，配一杯好酒，而我的貓咪呼嚕嚕的躺在腿上。
- Gezellig 可以用在回覆邀請的句子中，例如，朋友邀你去她家吃晚餐，你可以說，我會去，Gezellig。
- 和朋友一起坐在夏天的營火旁，很 Gezellig。
- 在一個乾燥的秋日裡，穿過森林散步，樹葉全是彩色的，我的兒子對每個看到的蘑菇都讚嘆不已，我覺得 Gezellig。
- Gezellig 是當你感受到家庭式的溫暖歡迎。

怎麼「學」Gezellig？

聽了朋友各種熱心的解釋後，我對 Gezellig 好像又更理解了。它是某種當下的放鬆感受，是舒服自在滿足的氛圍，是感覺自己被接納而不是被指教的歸屬感。加上氛圍這兩個字又會更為貼切。不過細看不同荷蘭朋友的舉例，好像偶爾也有互相矛盾之處。

根據大家的說法，Gezellig 的時刻，多數是小團體群聚，那一個人的時刻算不算？能不能在一百個人裡的大型活動中，因為和兩位久違的朋友碰面，坐著聊了一會兒而感受到 Gezellig 呢？深刻的談話，會不會就不容易 Gezellig，還是促進 Gezellig？我該不該在聚會中避免深度談話呢。

這裡倒不是要產生一個剛性的定義，所謂剛性的定義就是只能這樣或不可以那樣。這裡想要展現的是，學習、介紹或討論什麼是 Gezellig，然後有所困惑的這些行為和歷程，正是典型外來者想要了解或融入異國文化時會遇到的議題。

荷蘭人彼此間不會需要去討論什麼是 Gezellig，而什麼不是，因為這種隱性文化是牢牢種在生活中的，但外來者就需要指引。也許荷蘭人可能反過來會觀察到好像非荷蘭文化長成的人，比較不 Gezellig，但有沒有更多的可能是當荷蘭人相聚時，自然說起荷語，他們容易感覺 Gezellig 的時刻，不會說荷語或荷語還不夠好的人卻為了要跟上聊天內容，得特別用心、甚至戰戰兢兢怕講錯了。畢竟在非母語的聚會中，多數人並不容易感到放鬆。

而且什麼能讓人 Gezellig 恐怕也是有點文化差異，對於台灣人來說，至少對於我，全家人一起啃東山鴨頭，想必也是愉快美好的飲食放鬆經驗。但荷蘭人對於鴨頭的接受度應該就沒有那麼高了。想想一個畫面，荷蘭人眼前放著啃過堆積成小山的鴨骨頭，她／他能 Gezellig 嗎？

不過前述荷蘭人回答模板的工整，實在讓我非常懷疑，學校是不是有專門一堂課，教導荷蘭人怎樣回答外國人對於什麼是 Gezellig 的大哉問。答案當然是沒有的。

當問到這個社會是怎樣傳遞這個概念的，任教資優小學的朋友是這樣回答我的：孩子並不會在學校學到 Gezellig 這個概念，這是荷蘭文化的一部分，所有人都是在成長過程中不知不覺地內化，這可能也就是為什麼不是在荷蘭或荷蘭文化中成長的人，難以理解這個概念的原因。

我很喜歡的一位工作前輩，在這個議題上，也提出另一個層次的看法。她說確實商業談話或者牽涉困難議題的討論，從來都不是 Gezellig，但是如果這樣的談話發生在舒適自在的（外在）環境中，而且雙方都能真誠放鬆的討論，它幾乎可以（或者真的）是 Gezellig。當這樣的荷蘭文化與企業環境結合時，不同國家的人有時會感覺並不是那麼專業，於是在和其他外國單位打交道時，荷蘭人也得學習適度調整。

Gezellig 確實是荷蘭文化重要的一部分，有時當聚會不夠 Gezellig 時，與會者還會抱怨。人們會希望自己在舒適的環境中感到受歡迎與賓至如歸，並期待其他人友善的對待自己。當然，以荷蘭的文化來說，他們也會努力以相似的態度對待其他的人。

這位前輩還說，荷蘭人並沒有像美國人那樣，完全不討論政治，畢竟討論政治有時可以是交換意見，而不一定要爭論的面紅耳赤。但是荷蘭人確實知道什麼時候該停止討論，他們會觀察氣氛，當氣氛快要變成 Ongezellig 時（不 Gezellig），就是該換話題的時候了。

我的 Gezellig 經驗

看來要造就 Gezellig 的經驗，是需要與會的人共同努力，互相察言觀色。確實**荷蘭人以直來直往出名，但從 Gezellig 文化切入，他們恐怕也需注意氣氛的變化**。就事論事之餘，有人也會試圖照顧她人的感受。

不過文化這種東西，始終是得透過浸淫才能慢慢滲入內在的，外來者學習 Gezellig 文化的挑戰，正是如何試圖辨認聚會與談話氣氛的轉變，不要成為掃興的人。只是如果在活動中得小心翼翼的觀察，恐怕又比較難以達到自我的 Gezellig。

在和荷蘭朋友請教討論時，好幾位都試圖以我經歷過的，來幫助我理解。他們問說妳記得嗎？那天我們一起怎樣時，那就是Gezellig啊。確實，回想起那些時刻，心裡還真的浮起許多溫暖美好的感受。

其中有個朋友，舉例提到當他和我在克羅埃西亞老城出差的旅程中，受在地單位的邀請，在忙碌整天後，到了當地新開的店家聚會。那天聚會人數約十五人，大家自在變換座位，彼此以最適當的語言聊天，荷語、英語、克羅埃西亞語，偶爾還得加上Google翻譯和肢體語言，他說那天就是Gezellig。真的耶，那天好Gezellig！剛好，我有用臉書專頁寫日記的習慣，特地找出那日隨筆。回想當日，突然意識到，**Gezellig是可以跨越語言隔閡的！**

今天在克羅埃西亞的客廳休息

昨天上完課後，學員邀請我們，去克羅埃西亞老城新開的一家很舒服的ＢＡＲ聚會，Living Rooms 由在地藝術家共同打造，地方如其名，布置的就像是自家客廳。客廳們有著各種風格的角落，復古風的家具、充滿書的角落、還有各種尺寸腳蹬。最妙的是還有兒童遊戲區，我問學員，真的有人帶小孩來，然後爸媽在旁邊休憩喝酒嗎？她說還真的有。特別是週末早上，很多家庭也會來吃早午餐。此刻在小小的「客廳」，從未料想自己會遇到的人，成了我的友伴，情感真摯，氣氛舒適美好，而情緒如此複雜。

（Ｎ１的田野筆記，寫於二〇二〇年三月一日）

快樂的荷蘭教育

最不怕失敗的荷蘭小孩

知道我在荷蘭做教育研究，很多人最喜歡問的當然就是荷蘭教育好不好？這個答案可以從不同的面向，開個三天的研討會而有不同的定論。不過這樣說吧，教育和社會文化是緊密結合互相影響的，經過這些年的觀察，**從 Gezellig 的文化角度來說，培養快樂滿足的孩子，雖然並沒有寫在紙上，但絕對是荷蘭的教育目標之一**。

就像朋友分享的，她是地區被認可的國小優良教師，她的教學理念就是，使教育和教學環境更加「輕鬆舒適」。她任教低年級，所以布置學習角落時，除了主題也強調舒適感，會鼓勵學生共同維持班級的舒適感，讓大家學習整齊清潔是眾人的事，要一起整理環境，並強調要多傾聽，來與孩子建立更多的聯繫。我當然不知道這樣做的老師全荷蘭有多少位，但試想，如果 Gezellig 是大人所習慣的、所希望的氣氛，一定也曾影響班級和學校經營的理念。

世界上義務教育最長的國家

荷蘭的國民教育非常完整，它的教育有幾個特色：

- 是世界上義務教育最長的國家，四歲就可以選擇入小學，正式入學為五歲，年限共十三年。
- 小孩滿四足歲生日的隔天，就可以加入學校，老師一次只需要好好照顧一名新生。
- 平等哲學觀深深影響著荷蘭教育。
- 不是學區制，學生可以不受居住地限制，自由選擇學校。
- 學校具有高度的自治權。政府只規定教學目標和時數，學校可安排課程。

不過當然，每個學校能容納的學生是有限的，所謂的自由選擇，就是家長可以幫孩子去登記排隊，有些學校也有手足優先錄取的規定。我甚至還聽說過小道消息是，市區熱門學校當登記的人太多時，家長的職業和教育程度，也會是學校決定入學選擇的參考指標之一。在不同學校間還是有傳統印象上的好壞之分，除了教學法，很可惜的是，有時候學校裡是否有比較多的摩洛哥人，也被家長拿來當作為判定標準。自由選擇學區，對於非荷蘭家庭並不是很方便，初來乍到時，可能還搞不清楚規則，有時也沒辦法登記到心目中理想的學校。

整體說來，荷蘭小學階段，制式的反覆練習的回家功課很少，頂多有些閱讀作業，或者因為主題學習延伸出來的活動。對於荷蘭人來說，台灣安親班或者放學後要特地找個時段來盯孩子寫作業，是非常不可思議！在荷蘭讀書因為沒有趕功課的壓力，所以小孩不僅有比較多和家人相處互動的時間，也可以維持比較好的作息，時間到了就去睡覺。而或許這些荷蘭孩子也因為更充足的睡眠，而能長得更高吧。

到了週末，有些孩子會參加運動社團，游泳、踢足球或者童軍。但更重要的是，因為沒有功課和補習，對荷蘭家庭來說，假日就是家庭日，安排活動非常方便。即使沒有出去走走，小朋友也常和朋友相約，一起到附近的公園玩。

台灣或者亞洲式的教育，往往過度強調講授和大量練習，固然這些都有學習上的幫助。但是從情意發展的角度來看，在前青春期，父母能花時間、有機會好好和孩子相處也是很重要的，良好緊密的親子關係，往往能夠舒緩一些孩子進入青春叛逆期的緊張和衝突。在這點上，荷蘭式的教育制度是比較有利的。

成長型思維

雖然義務教育年限這麼長，但荷蘭小孩在教育學習上，整體是快樂的。在二〇一三年聯合國兒童基金會，針對全球最富裕的二十九國為觀察對象，發現荷蘭兒童快樂指數為世界第一，他們不但快樂，在身心方面的發展也相當健全。其中在教育快樂上，也是世界第一。

什麼是教育快樂，就是荷蘭的小孩很喜歡上學，而這全球最富裕的二十九個國家中，當孩子們成長到中學十五歲的時候，荷蘭學生的學業表現也是世界上排名前三名，同時荷蘭青少年也是最少問題行為的一群。**簡單說，荷蘭青少年，整體性的學業表現不錯，心理健康、喜歡上學、熱愛學習。**

荷蘭教育表現傑出的還不只這一項，在二〇一九年國際學生評估計畫（Program for International Student Assessment，PISA）的報告中，最讓人驚豔的是評估計畫發現荷蘭學生具備「成長型思維」（growth mindset），是世界上最不怕失敗的一群。

有成長型思維的人，較願意接受挑戰；除此之外，即使挑戰失敗了也較願意再試一次，較會把成功與否歸因於自身努力，也較不受刻板印象的限制。

在跟荷蘭教育打交道後，我認為荷蘭學生習以為常，而國際學生得學習調適接受的**「低分現象」，很可能是荷蘭學生得以培養出成長型思維的主要原因。**

荷蘭小學教育著重在啟發生活經驗，從玩樂、體驗和實作中學習。十二歲參加考試，依照結果選擇不同等級的學校就讀，自此後到大學採用的正式評分系統是10分制（1～10），10分最高，而多數科目通常只要達到5.5或6分就算通過。

乍看之下，荷蘭式的給分好像比較寬鬆呢！不過，荷蘭式的給分真的比較寬鬆嗎？為什麼大學得要常常發郵件提醒教授們，千萬要好好輔導國際學生適應荷蘭的低分文化，不要讓他們感覺自己不夠優秀，信心受到打擊？

因為，**多數情況下沒有「滿分」**。雖然理論上拿到10分是可能的，但據說每個荷蘭人都知道，沒有10分這回事。在荷蘭有一句俗諺「Doe normaal」，英文為「Be normal」；或者說「Doe maar gewoon, dan doe je al gekgenoeg」，英文指「Be ordinary and you will be crazy enough」——這句話的中文意思就是只要表現中等，就夠好夠瘋狂了。被本校廣義的拿來向國際學生解釋、寬慰他們第一次的6分心情。

請大家設身處地想想看，千辛萬苦來荷蘭留學，第一份作業卻只有將近及格的六十分，對很多國際學生是頗有壓力的打擊。學校進一步詮釋，這種低分現象也表示荷蘭人喜歡處在普通的舒適環境中，所以請國際學生放輕鬆，分數沒那麼重要，不是拿來競爭比較的。這說的不正是 Gezellig 文化嗎？

那如果分數不是那麼重要，什麼才是重要的呢？當大家都得到6、7分時，該如何知道自己的表現狀況？答案是，**荷蘭人喜歡有建設性的回饋**。

荷蘭學生當然也很注重表現！既然分數差不多，老師給的評語和回饋就更為重要。評語既然是針對這份作業或考試而來，於是也無關乎這個學生與別人的差異，而是期待學生能夠在得到評語後，下次作業上可以改進。這樣的回饋不僅非常個人化，同時，進步的空間也相對更大。

而在我目前指導的二十多個國家的學生之中，荷蘭學生確實也是最在意評語的一群。如果沒有提供足夠的建設性評語，即使分數不錯，他們也會經常主動來信，詢問有沒有進一步的改進建議。

追求卓越與C文化間的平衡與挑戰

當然，有人批評荷蘭的「平等主義」其實是平庸，畢竟個人學識與工作成就，在高賦稅制度後，不必然等同於更高的收入和更好的生活水準，既然這樣那幹嘛這麼拚。而且仔細探究，在荷蘭這裡的平等和強調人人都有機會發展，比較是機會擺在那裡，人人都可以試著爭取。但雖然這個爭取是開放的，但對於相對經濟或文化弱勢的移民，有人也會批評協助不夠，這點就和試圖透過積極介入，改善不平等的美式主張不太相同。

批評者說這是荷蘭式的平等，是種互相尊重互不干擾，但也互不協助的表面式平等。有人說，不不不不，荷蘭人早早就把學生依能力分流，所以說穿了其實是菁英教育。這兩種批判，從不同角度切入其實都有點道理。荷蘭的教育當然也有很多需要改進的，它也因應全球化一直在改變。

例如，二〇〇九年，當中國第一次加入國際學生評估計畫時，以中國上海學生的表現，馬上就攻佔了數學、科學和閱讀的世界第一。當時西方社會因為還沒做詳細的比較，只看這個名次，確實相當震驚。當時，荷蘭也有學者開始檢討這種只求及格的C文化，發現如果只要及格就好，反過來說對於學習快，想更多學一點的學生，可能也不是好事，所以也有相關的教育改革。

然而，另一個更讓人疑問的是，那荷蘭究竟是不是菁英教育，還是荷蘭人真的不重視卓越表現？完全不關心、也不在乎自家的孩子是進到哪種中學系統嗎？一個完全不在乎卓越表現的國家，又如何能夠在產業與創意上有這麼多的發想呢？

說來非常有趣，雖然荷蘭人幾乎不會認同他們是採菁英教育，而且早早就教育分流的制度，也非荷蘭獨創。但明明周遭就聽到很多荷蘭朋友曾帶著驕傲的口氣，強調自己可是最好的研究型大學畢業，甚至會說別看誰誰誰「只是」個秘書，她當年可是自己不想去就讀比較好的學校呢。

這些我們看起來矛盾的理論，原因或許是彼此對於卓越的定義根本不一樣。畢竟分數的高低不能代表學習的一切，尤其如果只是背誦知識，那還不如得到有意義的學習經驗和回饋，比較能幫助自己。而收入和幸福感雖然是有相關聯性的，但是多個研究都支持，收入超過七萬五千美金（約六萬五千歐元，二百二十萬台幣），幸福感就不再增加了，也就是賺得更多，幸福感並不會繼續增強。

我觀察荷蘭人當然也喜歡高分、高薪，但是真的就比較少看到荷蘭人把追求高分或者高薪，當成人生的唯一目標。這個現象，是長期文化的一環。但也可以說是整體社會教育制度產生的某種結果。例如高賦稅制度，對更高薪的人抽取更高的稅，那麼得到高薪固然是對個人能力的肯定。但既然稅後拿到口袋裡的錢不會增加那麼多，工作者就會去思考，是否要為了多賺那一點點，卻犧牲了生活的品質。

二〇二〇年發布的全球幸福報告，包含人均全國生產總值（GDP）、健康預期壽命、生活水平、國民內心幸福感、人生抉擇自由、社會清廉程度，以及慷慨程度等各種指標。荷蘭排名全球第六，所以荷蘭人確實是很有幸福感的。

我來自大家競爭激烈，互相比較很多的台灣，在重視排名的文化下，有時候會感覺不少人都發展出要技壓群雄的態度，好像如果沒被冠上第一名的頭銜，就是不夠好。一開始確實對於這樣的荷蘭C文化，需要比較多的適應。不過隨著年紀漸長，時日漸久，還真的覺得自己的快樂比什麼都重要，而快樂沒有排他性，自己快樂，別人也可以啊，是一種大家都可以是贏家的態度。

人生的幸福本來就不假外求，不是曾經多厲害，或者買了幾間房，這種物質外在的象徵，快樂其實是能和對自己重要的人好好相處，做著自己喜歡的工作或者休閒，覺得在工作中有貢獻、有成就感，休假的時候能夠和家人親友好好相聚。如此，就算不是傳統定義的卓越，又有什麼關係呢？

荷蘭慢式哲學

練習什麼都不做

聽過不少人分享，來歐洲旅遊最喜歡享受這裡的慢步調。還沒搬到荷蘭前，我也幻想著，所謂的慢生活，大概就是坐在陽光咖啡座，好好享用一杯手沖咖啡吧。人到了這地居住下來，才發現陽光咖啡座每年的時間很短，多數時間我都嫌風太大，而且容易因為鄰座抽菸而感到心煩。

居住者的生活，畢竟和觀光客看到的有差。但同時，我也更理解到歐洲這種慢步調並不只侷限於表象，快慢是相對的概念，和台灣、美國相比，荷蘭的慢步調是更全面性，而隱藏在背後還有更合理的工作條件、生活方式和文化期待。

慢慢來的荷蘭日常

不得不先說荷蘭的日常生活，好多地方「慢」得可以。上荷蘭市政廳認證一份文件，得先預約，還要看運氣，預約三到七天以後的時間都算幸運，我常常都是月初預約到月底的時段。每個人按照自己預約的時間到現場，辦事員小姐不疾不徐先和我彼此問候，然後把文件打開，在系統裡慢慢的輸入個人資料，最後對我說：「恩，應該沒問題了，先拿著這張暫時的證明，約三個禮拜後可以收到市政廳的郵件通知，這樣認證就算正式完成。」

剛開始很不習慣，在台灣不一定要預約臨櫃辦理文件認證是常態，不少資料也都可以當天取件，如果真的多數文件都等上三個禮拜，很難想像大家的反應。

上咖啡店餐館也可以體驗荷蘭的慢，送餐慢的餐廳暫且不提，有機會來荷蘭喝杯咖啡，請記得算上等待結帳的時間，畢竟要請侍者來結帳也急不得。歐洲餐廳一般不會供應免費的白開水，所以侍者在各桌間穿梭的機率大大減低。到了結帳時刻，我們總是像觀察獵物一樣，眼觀四面，等待侍者經過座位附近，才得已偷空找個合適的時機，輕聲呼喚請他們來幫忙結帳。大家都不急，因為坐下來喝咖啡正是為了享受悠閒的氣氛，也實在沒有貪快的必要。

坦白說，我還是我，耐心沒有變強，時間還是二十四小時，但確實慢慢感受到這樣慢步調生活背後的觀念、工作邏輯與對生活的全面影響。

荷蘭人的週末也是慢慢，那是家人相聚的時光。各城鎮週六幾乎都有農夫市集，有人喜歡到市集上吃早餐，荷蘭爸爸肩上抬著小孩，拿著奶油可頌邊走邊吃，然後買點菜，算是某種家庭習慣。到了週末，大家更是睡得很晚，多數的餐廳，沒有十一點不開門，我們家喜歡週日外出吃早午餐，因為和荷蘭人習慣不同，剛好避開人潮，真的是悠閒。

荷蘭人的慢假期哲學

荷蘭的假期哲學也比較是慢度假。很多家庭會到鄉村露營或住木屋，待上一週。不少人會選擇馬斯垂克，荷蘭唯一有點丘陵起伏的地方，居住森林木屋。也有朋友夏天就是全家開車，到鄰近國家的各個露營地。除此之外，包吃包住主打放鬆的度假村或郵輪行程，也頗受歡迎。簡單說，荷蘭式的度假，是要放鬆，而不是玩回本的。

大概也是受這樣的態度，這幾年，我自己對於旅行和度假有不同的區分。旅行更像是到一個點去探索當地，度假則是找到地方休息。旅行因為要探索當地，可能要久一點，有時擔心這個沒看那個沒看，都會把行程排滿。度假只要安排得宜，花點時間慢慢來，不跑遠，省下交通時間和免調時差，四、五天就可以感覺充飽了電。有研究說理想休假的長度是八天，在繁忙的現代生活中，如果有四到八天可以睡好，那真的是很吸引人。

荷蘭式什麼都不做哲學

這幾年，荷蘭又流行另一種什麼都不做的減壓哲學，稱之為「Niksen」，不僅在荷蘭逐漸風行，也慢慢被其他各國注意到，《Time》、《Vogue》、《The Guardian》都有專文介紹探討。

「Niksen」是荷蘭動詞單字，意思就是什麼都不做。它起初是心理治療師用來幫助工作狂和職業倦怠的減壓練習，慢慢地演變成某種倡議的荷蘭生活方式。「Niksen」減壓哲學鼓勵人們對繁忙的生活按下暫停鍵，不要覺得自己非得無時無刻的像陀螺一樣，才是有意義的生活。休息甚至看著窗外發呆、做做白日夢也好。心理治療師認為，「Niksen」不僅可以減緩壓力和焦慮，也能鼓勵創意的發想。倡議「Niksen」的人，都會特別強調它聽起來雖然和正念也有點像，但是並不鼓勵人專注當下或眼前，更像是鼓勵人放空，讓思緒自由遊走。

不過，雖然「Niksen」聽起來很放鬆，但事實上什麼事情都不做，有時候也是非常困難的事情。在一系列推廣介紹「Niksen」的文章中，荷蘭人也反思荷蘭的文化，這些反思很有趣，也意外地幫助外來者更貼近荷蘭文化的本質。荷蘭人為什麼需要積極倡導「Niksen」哲學呢？

雖然以台灣人來看，荷蘭生活已經是慢慢來的，但現代社會求快求效能，荷蘭人普遍地比過去承受更多的生活和工作壓力。荷蘭人雖然並不以工作狂聞名，但這個國家的務實主義，讓他們喜歡把一切事情都順利妥當的完成，並追求高效能。和更為慵懶的南歐國家相比，例如義大利人雖然也是被認為喜歡什麼事都不做，但他們真的就是相對放鬆的民族，而且以休閒活動而聞名。荷蘭人連從事休閒活動，很多都是有目標性的，例如騎自行車，除了可以呼吸新鮮空氣，還強調可以健身。

也因此「Niksen」的倡議者鼓勵荷蘭人，每天選一段時間好好什麼事都不做，可以坐在沙發上，拿杯茶發呆或聽音樂，不用多，每天十分鐘，讓大腦放鬆休息一下。坦白說，我已經開始練習「Niksen」一段時間了，非常簡單的生活哲學，但卻能在繁忙的職人和家庭生活中，創造出一個自己可以好好呼吸的空間。

3

在荷蘭的生存之道

荷式關係的潛規則

交個荷蘭朋友不容易

在荷蘭交朋友

來到異鄉很重要的就是要建立在地化的生活，透過參與各種在地活動，慢慢融入。最好還可以擁有幾個知心的在地朋友，不僅平時可以互相往來，真的有需要請教文化議題時，也能放膽放心地詢問，這對於外地人要了解異文化是非常重要的。

來到荷蘭，很多人都會提醒，在職場上，同事就是同事，不會變成朋友的。這幾年觀察，大的文化原則確實是如此，公私分明本來就是好事，上班嘛，老闆是付錢請你來做事，不是來交朋友的。但雖然說不要期待同事變成自然的朋友，但同事間比較合得來，還是有機會變成朋友的。

慶生派對，除了邀請親友，有時候壽星的同事也會在名單之列。伴侶和我，也都有被荷蘭同事邀請到家裡吃飯用餐的經驗，例如伴侶的荷蘭同事有三個小孩，曾邀請我們帶著小孩去他家吃飯和玩耍。我和同事因為一起出差的機會不少，加上工作環境特殊，算是研究機構，人文教育社會的學術圈，界線沒有那麼分明。我真的可以很有信心的說，某些荷蘭同事是我的好朋友，大家除了公事交流，我也向他們請益各種文化和職涯發展的議題。他們是我在緊急時期，會願意求助的對象。

另外，我在荷蘭，也認識了不少台灣人，他們在這裡求學、工作、婚嫁，好多人都有豐富的在地生活經驗，幫了很多的忙。例如，在荷蘭懷孕生產，像是怎麼準備醫院的待產包、尿布奶粉用哪一牌最好最划算的這種超實際問題，都是靠朋友解答。甚至，大家也把在台灣的好習慣帶來，有人手藝好負責出手工菜，有人主揪幫忙聯繫算錢，就這樣我跟著合購過不少好料美食，吃得很開心，也解了年節的思鄉情懷。

但整體說來，因為自己的工作場域裡國際人士多，往來的荷蘭人也多半有所謂的國際經驗，有些人是在他國留學，或者嫁娶非荷蘭人，所以他們不僅英語程度好，對外國人接納度也比較高。但真的要承認，如果單身或者夫妻都不是在地人，要能和荷蘭人交上朋友，可能並不是件容易的事。

在荷蘭，講到朋友，荷蘭人普遍想到的就是共同長大的親友故舊。荷蘭面積不大，成年後只要不搬離荷蘭，都不能算住得很遠。不少荷蘭人都有一起長大的哥兒們或姊妹，這些人可能來自高中、大學的社團，或者是從小一起踢足球的夥伴。幾位荷蘭朋友每年都會安排自己和友伴的年度週末，很多時候就是一起去騎腳踏車或露營，活動的主要目的就是和老朋友敘舊聯繫感情。而訂定活動的時間常常是一年前，可見他們彼此對這件事情的重視。

荷蘭被形容為柱狀文化，不同群體間，一群一群分得很清楚。這些從小到大共同成長的荷蘭人，很容易就是保持連絡的朋友。成年以後，人際關係由此為基礎展開，例如哥兒們的女伴們，慢慢就形成姊妹會，衍伸出獨立的群組也很常見。但同時，不僅不同群間交流的不多，對於我們這樣的外來者，也相對更難打進這個群體。簡單說，假設有幸也被邀請去參加荷蘭人的生日派對，但派對上的人如果彼此都非常認識，聊的話題是有接續性的，那麼外來者，可能很難建立關係。年度的固定敘舊活動，也不太可能邀請新朋友加入。

但回過頭來說，沒有很多荷蘭朋友，對生活好像有時影響也不太大。像我們這樣雙薪家庭，週末也需要一些自己喘息的空間和安排家庭活動，所以社交需求可能也沒有那麼高。如果獨身在這邊工作，雖然有時候確實會覺得很孤單，但這也幾乎是海外獨身工作者都容易面臨到的共同挑戰，畢竟不論美國或荷蘭，有家庭的人多數都重視家庭生活，當地同事如果想邀請你，久久一次可以，常常參加家庭活動，可能也怕獨身者不感興趣。

在荷蘭要交到「荷蘭」朋友還是相當運氣的事情，但是就跟在其他地方交朋友一樣，不要設限選擇要交往到什麼樣的朋友，如果投緣自然就會成為朋友。時間、機會和真誠的心，一樣不可少。而對這裡的文化了解愈多，參與愈多，當然也就愈能夠掌握眉角。（註1）

荷蘭式的合法伴侶

如果是誠心地想尋找親密關係的夥伴，文化制度不同，也可能有不一樣的看法。如果是抱持著非得「結婚」，才是最後幸福結局的朋友，當和不同文化的人交往時，有時也得調整自己的期待。在荷蘭合法的伴侶關係分成三種，結婚伴侶、註冊伴侶和同居協議，各有不同的福利和規定。而如果因為和荷蘭人談戀愛，要搬來荷蘭共同居住，在申請政府的合法居留同意時，甚至只要先透過所謂的關係宣告書，來表達雙方是在一段穩定的親密關係中就可以。

有人說，千禧世代以後，特別是在西歐地區，「不結婚」才是新的常態。我自己觀察，好像真的是這樣。如果打算進入異國戀伴侶關係的朋友，一段優質的關係，必須是雙方都能夠覺得被對等的尊重。如果結婚真的是你的期待，也要誠實開放勇敢地說出來。如果有人說因為外國人「都」怎樣，所以一定不會願意結婚，恐怕也不是事實。

周遭也有不少相對年輕的異國伴侶，非常多的例子，雙方最後還是選擇成為婚姻伴侶。當然，怎樣有智慧在自己的文化和對方的文化中找到平衡，是異國戀伴侶關係一輩子的課題。而即使是透過關係宣告書來到荷蘭居留，建議還是要詳細研究各種關係制度，選擇最適合自己的，保障自己該有的權利。

荷蘭人相當的務實，如果需簽署婚前同意書，也不要覺得這就是不信任。相反的，正向思考，正是因為有了足夠的信任，才可以彼此坦然提出疑慮，甚至簽下這樣的協議書。感情生活，浪漫之餘，也要理性與感性並重。（註2）

到荷蘭人家作客

在荷蘭咖啡廳點杯咖啡或茶，會附上一片小餅乾或一小塊巧克力。通常，初次體驗的人，會覺得很不錯呢，還有小點心吃。不過，場景如果換到荷蘭人家裡作客，主人端出咖啡和茶，然後只配上一片小餅乾或一小塊巧克力，恐怕客人忍不住要問，「真的嗎?真的只有這樣嗎?」

是的，這是最普遍的狀況。有時候，主人甚至會當場打開餅乾盒，只拿出一片，然後又蓋上餅乾盒，放回原位。當然，有人會說這太小氣了吧!請不要誤會，這其實有時候也跟小氣無關，純粹就是文化和習慣如此。畢竟荷蘭主人並不會吝於再招待客人另一杯咖啡和另一片小餅乾的。不過，據文化觀察，習慣上一次拜訪以兩杯飲品為常態，如果真的是相談甚歡，再喝第三杯茶或咖啡也是很好的，但建議賓客仔細觀察氣氛，也許主人家只是禮貌的問你一下，但其實認為兩杯就差不多了呢。

如果要去拜訪荷蘭人最好事先約定好，不要遲到，但也不要太早到。拜訪時很常見的禮物是一束花，購買花卉在荷蘭非常平價實惠，挑選的小祕訣是不要挑盛開的花朵作為伴手禮，因為通常盛開的花朵會是打折的即期品，主人家可以欣賞美麗花卉的期限也會變短。

陌生人間打招呼的禮貌

在荷蘭，陌生人間打招呼是一種必要的禮貌，特別是老一輩的人，在路上即使不認識你，也很可能會在錯身時和你點頭致意問好。進到商店，也要記得和店主人互相問好，直衝商品而去，完全不理會對方，即使是顧客，也會被人認為是有點無禮的行為。和許多歐洲國家相似，荷蘭也有親臉頰的禮儀，據說只發生在很親近的人之間，而在新冠肺炎之後，這個打招呼的儀式恐怕就此沒落。

去接洽辦事的話，在談正事前，通常也要和人彼此問候，一般僅問好，但打招呼的全套流程，有時也包括報上姓名和握手。生產時，雖然我已經在產檯上痛得七葷八素了，進來的每一位醫護，都有過來和我互報姓名和握手致意，我在禮貌回應的同時，只想用中文大叫免禮免禮。

不過荷蘭人雖然不冷漠，餐飲服務卻是惡名昭彰。主要是桌邊服務難免概念還是有點上下關係，荷蘭是平等主義的社會，多數人會覺得我沒有必要服侍你。加上這裡的服務生也不以小費為主要收入，就較少殷勤。初來乍到的朋友可能會有點不習慣，但千萬不要解讀為針對個人的不禮貌。

1 現在網路很方便，荷蘭有不少「Meet Up」的團體活動可以參加，幾位台灣朋友在荷蘭工作一陣子後，有感於生活圈不夠大，也都積極透過網路交友找到優秀的另一半。

2 說到交友軟體，單身朋友真的可以試試看。除了周遭成功例子不少，我認識幾位年輕優質的荷蘭單身男女，也都是在各種交友軟體上認識朋友，畢竟這就是現代的趨勢，大家都到網路上去認識人了。但心胸開放的同時，也是要注意自己的安全，網路就是大社會的縮影，形形色色的人都有。除了熟知的「Tinder」，有人也推薦「Edarling」，有需要的人，可以多方的嘗試看看。

荷蘭真實生活

教你迎刃而解的生存守則

因為工作關係而長居在異鄉的人，有時雖然也被稱作移民，但在現代社會，更多時候這類型的人被稱作外籍人士（expatriate，通常簡寫為expat）。兩者間界線，並不是那麼清楚。但簡單說最大的差別之一，應該在於是否有永居此地的意願。

定義上的外籍人士通常也會具備有更多的能動性，指稱那些不是因為經濟不足或政治動亂等因素而離開本鄉，是種出於自我意願，而決定要擁有不同工作或生活型態的選擇。

我們家從各種角度都符合外籍人士的定義，在這裡的時光，一晃眼已經六年了，而且還是現在進行式。不僅立業也成家，雙薪家庭在這邊養育著幼年的兒童，我自覺很幸運，能用不同方式和角度體驗著異國文化。

多數來旅行的朋友，對這裡的美景風土和人情讚譽有佳，我很少聽到負評。然而——實際居住這裡的生活，真的是有苦有樂。雖然是自己選擇要住在這裡，荷蘭也非常善待高技術的外籍人士，除了給予很好的稅務優惠，也因為外籍人士很多，而發展出房子租約中所謂的外交官（租約）條款，就是房子簽約後只要住滿一年，之後則不用續約，搬離前一個月通知就可以。這是因為國際商務和外交人士，有時候移動是看老闆的指令，第一年過後，常常居所會突然改變。

所居住的南荷蘭地區，文化也相對開放，多數人英文程度不錯，即使荷蘭語不行，生活也沒有什麼問題。工作上的同事很優秀、很專業，有些也變成朋友。然而即使如此，還是有不少不習慣的地方，這些都不是抱怨，而是居住者親身體驗的第一手觀察和反思。

首先是居住條件，荷蘭運河多，靜置的池塘也不少，又因為是低地國，夏天到了，蒼蠅和蚊子很多。一般屋子沒有紗窗，雖然不到蒼蠅滿屋，但綠頭蒼蠅確實惱人。但這不算什麼，陰冷多風的荷蘭爛天氣，才真正讓人心情不好。旅遊旺季的晚春和夏天，可說是荷蘭唯一好天氣的時節，更多時候淒風苦雨才是常態。

陰濕的天氣，讓人心情和動力大受影響！荷蘭人移動很依賴腳踏車和火車，下雨時，不論哪一種都是苦差事。我曾經看到旅遊者大讚荷蘭火車乾淨舒適，心想你真是好運，搭到新式火車。

歐洲很多國家，包括荷蘭都有悠久的鐵路運輸系統，很多火車非常有年代，相對的也比較老舊，甚至有微微的霉味。荷蘭火車常常誤點不準時，也常常臨時取消班次，遇到這種狀況，廣播只有荷語。剛來的時候，單單熟悉通勤系統，就花了不少心力，每次遇到接駁火車臨時取消，也會非常挫折。當然，現在已經找到克服方法，而據了解，很多時候火車臨時取消是因為有人臥軌，每思及此，就會覺得算了，自己一點不便算不得什麼。

甚至前面說到租屋的外交官（租約）條款，雖然確實考慮到國際人士租房子的需求，然而荷蘭這幾年房價漲幅大，租金更是水漲船高，在像我們這樣國際學生和工作者多的地區，好的出租房一房難求。在荷蘭要承租房子時，出租者是有權利設定租賃條件和看薪資單的，例如我現在承租的房子，講明了不租給學生，然後要求家戶的稅前薪資必須至少是房租的三倍，這點是很常見的一種要求。可是有些外來的國際家庭，初來乍到，可能夫妻其中一方還在找工作，薪資條件不一定馬上符合，但家裡又需要空間，這時即便有存款，很多時候也不符合業主要求的承租資格，找房的歷程倍感辛苦。

另外一點就是荷蘭人的民族性，荷蘭人雖然外表看起來頗為開放，但是別忘了這個國家曾經是航海時代的霸主之一，骨子裡藏著光榮感與歷史感，而且也深受宗教影響。**所謂的平等，很多時候是容忍互不干擾**。

某些人對於社會裡的種族歧視，採取視而不見的態度。居住在這裡，我當然也遇過幾次被荷蘭人「教訓」的時刻，例如去醫療單位，因為飲食習慣不同，而被宣言，根本就不需要讓孩子吃這麼多的魚；甚至懷孕期間，我在荷蘭搭乘火車、電車、公車等公共通勤，也從來沒有被讓位過，讓我懷疑這個國家是不是真的這麼自掃門前雪。

而重視自由，固然是好的，但有時候也會出現過度強調個人自由凌駕公共利益的狀況。在新冠肺炎期間，政府為了抑止疫情採取各種必要手段，包括要求配戴口罩和實施宵禁。不僅有人製作抗議戴口罩的標語，在政府還沒要求要戴口罩時，我自主戴上口罩購物，接觸到許多莫名的白眼，有位女士還曾經對我咆嘯，要我更遠離她。更有因為抗議宵禁，產生的抗議暴動。

但同時，疫情期間，在散步時，也曾看過兩位年長女士，天氣雖然偏冷，但趁著大晴，開著門，一位在屋內，一位在屋外，隔著比政府規定再更多的社交距離，對坐聊天，喝咖啡。我經過時，她們剛好不知道講到什麼，大笑了起來。不僅真的是個非常美好的畫面，也顯現荷蘭人的自持和自制。

這些經驗，並不是要簡單反映荷蘭的好壞，而是不同荷蘭人對異文化的理解和尊重，有很大的差異。荷蘭朋友也坦承荷蘭人通常都自認為懂得比別人多，也不喜歡遵守規則，所以有時候相處上，外來者必須更有信心清楚知道自己的定位，才不會在遭遇荷蘭人挑戰時，一下子信心就被擊垮。

也是基於這些海外生活的體認、文化差異，要游刃有餘，必須了解生存的五大守則：

守則一：多聽多問多觀察

說到認識文化真的要多問多聽多觀察。看似老生常談，但很多人並沒有「直接開口問文化」的習慣。有時是愛面子，覺得問了就表示自己不懂，所以喜歡用過往經驗推敲，或寧可上網問而不從周遭蒐集答案；甚至自認禮多人不怪，對方應該都可以體諒。可正是文化差異，往往多禮變成失禮，沒注意到的小細節變成大關鍵，反而得不償失。

當初到美國時，因為是讀書，所以我有機會參加學校一系列幫助新生適應文化的座談講座，也比較能漸進式的適應。但是搬到荷蘭後，因為是移居和就業，就沒有這樣的機會，變成很多問題都得自己想辦法去找答案，而答案常常是問出來的。

到了陌生環境，除了要把耳朵、眼睛打開，也要多開口詢問「文化」裡的「在地人」。聊天如果遇到有文化相關的議題，我通常會追問兩句。也會在比較輕鬆的社交場合，刻意去開啟以文化分享為主的談話。通常會這樣說：「在台灣，如果碰到某事，我會這樣做，那不知道在荷蘭，碰到某事，你們都會怎麼做？」甚至就直接問：「某件事，我不太了解，通常你們會怎麼處理？」這種雙向討論，不僅幫助自己了解文化，同時也幫助周遭的人了解自己。這些平日所累積的溝通，往往能大大減少事件發生時不必要的誤會。

守則二：不要太快對文化下結論

荷蘭的很多制度表面上看起來很好，例如荷蘭四歲就入學，兩歲開始就有相對可以負擔的公幼。甚至很多人因此覺得荷蘭能，為什麼台灣不能？可是，很多人沒有意識到，荷蘭這些社會福利，來自很高的稅。每個月的薪水有很大一部分被政府抽走，等於這些福利都是人民預繳出來，所以實在很難拿橘子和地瓜比較，各有各的好啊。只是有時遙遠的距離，不一樣的生活型態，容易讓人忽略這些制度因素。

所幸現在網路很方便，翻譯軟體更是大大的幫忙，對文化制度有疑問，都很好找答案。荷蘭政府網站資訊詳盡，有問題都可以先自己查找，再加上詢問別人，交叉驗證，通常都能找到合適的答案。

社群媒體上，有很多台灣人在荷蘭的社團，我都有參加。裡面訊息也很多，不少熱心的鄉親，都會互相提醒荷蘭新制度的改變，或者回答新手的各種文化問題。不過，要提醒一個常常被忽視的盲點，就是熱心網友講得斬釘截鐵，但有時卻是根據個人有限的經驗，有時候會產生誤導。

例如，我剛搬來時，有看到一種說法，就是荷蘭有九〇％的婦女都是在家生產，想到要在家生產，簡直把我嚇死了。後來還好，經過更多的資料蒐集和詢問其他在地的朋友，發現分享者的根據，可能只以他自己那個區域鄰居間聽到的消息為準。我這才放下心中的大石頭。

守則三：建立紮實的文化底蘊與培養國際觀

在台灣的時候，如何培養國際觀是熱門話題。有人還會標榜自己一口流利近乎無腔調的英語，能跟外國人溝通的更為順暢，但我卻不這樣認為，英語只是工具之一，要有內容相輔相成。況且以荷蘭來說，母語也不是英語啊，所以英語好絕對不等同於國際觀。當然英語還是很重要的，以荷蘭的相關資訊來說，英語資訊比中文資訊多很多。所以如果有一定程度的英文能力，就可以多方驗證資訊的可信度。

這幾年回台灣的時候，常常有人會問我出國念書工作的經驗好不好，或表達羨慕的感覺。我發現台灣社會很鼓勵年輕人要離開舒適圈，普遍認為離開了台灣，就比較能培養國際觀。不過，「國際觀」真的不是進到一個新的物理環境，就能直接理解當地文化這樣簡單。

真要說起來，它更像是種轉換，透過分析與比較不同概念後，找到不同文化間彼此共通地方的能力。這樣的國際觀，不是一種上對下，讓我來理解你，也不是一種下對上，讓我來學習你，事實上，海外台灣人在學習在地文化的同時，也在分享自身的台灣文化。

例如荷蘭人很有民族信心，也很以自身的文化、技術和觀點為傲。我們中心曾經和香港與台灣的單位合作，邀請荷蘭的學者去分享研討。這些荷蘭同事當時都是第一次到亞洲，一開始他們感覺亞洲單位需要反覆確認這些細節，有點大驚小怪。但到了當地後，卻反而對於亞洲的辦事效率和嚴謹留下深刻的好印象。

所以，遇到荷蘭人的指正時，身為外籍人士除了從善如流，也可以多想想看這件事為什麼要這樣做，畢竟條條大路通羅馬，有時維持自己習慣的工作方式也沒有什麼不好。荷蘭人可以直言，我們也可以啊。

我們的身高或許沒有荷蘭人高，但心理上並不需要覺得矮人一截，在面對挑戰時，站得穩，才不會被問倒。

守則四：多方面的在地參與

隨著出國愈來愈久，很多時刻，例如工作場合，我目前代表的就是荷蘭大學的老師，別人並不會馬上注意到我台灣人的身分。這其實是好事，也是很好的平衡，參與在地事務愈多，本來就應該具備更多的身分。

我是個很提倡在地參與的人，不論住到哪個國家，當然都繼續關心台灣，但也會期許自己的觸角目光不要只看著台灣。這幾年觀察，在地參與也是跟海外適應好不好，關聯很深很重要的議題。在地參與的方式很多，當地社團、俱樂部、志工活動、和姻親分享、和在地人交朋友，甚至賺錢的方式，能夠的話，最好都是從在地去尋找資源和方法。

很多在荷蘭的台灣朋友，有的去做志工、有的在運動社團、還有人投入婦女權益的倡議，這些都很推薦。

透過各種在地參與，不論累積好的壞的經驗，了解在地，累積到一定量，遇到在地生活裡的新東西，學習會更快，遇到新困難，也會更知道如何解決面對。確實，在海外，跟同樣台灣來的朋友來往真的很自在，我自己也很喜歡。但如果長遠地要住在海外，累了，到熟悉自在的社群歇腳取暖，沒問題，但休息夠了，要記得再出發！

守則五：面對不理解，帶點體諒，學習保護自己

人在海外是否被歧視，有時候就是心裡幽微的感受。截至目前，我遇到比較多的應該是所謂的微歧視，也就是可能連當事者都沒有覺察到，他對我的差別待遇來自於膚色。

有時在海外，可以試著多體諒對方的不足或難處，人的行為往往受個人眼界和經驗的限制。換個角度想，我們能夠離開故鄉到外地，也許是比對方更有能力的人，透過開啟對話，可以更主動的改變歧視。另一個則是要因時因地制宜，衡量自己當下擁有的資源，最重要的是保護自己。

遇到歧視，尤其如果損害了權利，要了解有哪些管道可以申訴，同時也要評估這樣的申訴會不會成功，能否得到他人的認同。通常愈了解某個文化，愈

能精準辨別是歧視，還是文化差異。有時候，太快把某個反應定位為歧視，不僅阻止了自己對其他文化的理解，甚至切斷了彼此對話的可能。

這些提醒，都比較著重在心態層面，積極地思考，理解在地文化不僅能建立歸屬感，也能覺察自己是帶著哪些主觀和經驗來到異地，這個歷程不僅能更了解自己，也才能知道得改變哪些部分才能「入鄉隨俗」。

4

業餘人類學家的荷蘭文化觀察

隱藏版的荷蘭次文化

蘇利南移民、印尼文化

每個國家都有自己的種族歷史和次文化，這些次文化很像海洋裡的暗流，表面上也許看不太出來，但暗流往往隱藏在看似平靜的海面下，與海浪推進的方向相反，自成一股強勁的水流，但又絕對是廣大海洋的一部分。

說到荷蘭人，大家腦海中浮現什麼樣的印象呢？很多人也許會問，既然台灣人古稱荷蘭人紅毛，那荷蘭人是不是滿街都是紅頭髮？其實不是，荷蘭人天生的髮色以棕髮最多，金髮次之，其他髮色只佔不到二〇％。事實上，其他國家對於荷蘭人的刻板印象反而比較是金髮藍眼睛，而非紅頭髮。

不過，想到荷蘭馬上就想到荷蘭白人，

也不是完全正確，荷蘭原生的白種人口雖然還佔全體人口的約八〇％，但境內還是有約二〇％的其他族裔，前五名分別是歐洲各國（6.3％）、印度（4.9％）、土耳其（2.5％）、摩洛哥人（2.2％），以及蘇利南人（2.1％）。其中，有超過一〇％的人口不是在荷蘭出生的。

而現任的荷蘭皇后 Máxima 也是從阿根廷來，後來才取得荷蘭國籍。據說，她親切迷人的微笑和平易近人的態度深得民心，根據民調，也是皇室最受支持的成員。那麼乍看之下，好像荷蘭人很接納外來移民。畢竟連當皇后都可以了，還有什麼不能呢？可是在實際的一般荷蘭社會中，又真的是如此嗎？

其中，蘇利南移民是一段特殊的存在，屬於荷蘭人那段複雜光影交錯的殖民歷史。

蘇利南移民與印尼文化

從美國來到荷蘭，最後落腳荷蘭並鑽研自身蘇利南血統與荷蘭文化的知名倡議者珍妮佛（Jennifer Tosch）說，二〇一二年她剛來到荷蘭時，曾經震驚於荷蘭人的種族色盲。畢竟殖民歷史並非潔白，那裡面有著各樣有色人種的故事。然而她發現在荷蘭大學課堂談到殖民歷史，居然只談印尼人，居然只談偉大的商業貿易行為，震驚之餘，也促使她決心在阿姆斯特丹創立黑色遺產之旅，帶領大家去探究殖民歷史中黑人在阿姆斯特丹相關的部分，也出書介紹在荷蘭一百個和奴隸制度相關的景點。由於她和相同理念者的努力，這幾年看到愈來愈多的觀點正慢慢轉變。

第一次遇到蘇利南裔的移民時，我真的是有點一頭霧水。祖籍香港的朋友自我介紹說他是荷蘭人，但又馬上補充說自己是蘇利南移民，他講得很稀鬆平常，彷彿蘇利南移民這個身分表徵就說明一切，有著大家都心照不宣的各種意涵。我卻因為是初來乍到的文化新手而感到陌生。後來第二個、第三個、第四個，慢慢地透過不同背景狀態的蘇利南移民朋友的分享與資料，引發好奇心，才逐步建構出對這段歷史的概念。

蘇利南是位於南美洲北部最小的一個國家，以荷蘭語為官方語言。這個地區，一六六七至一九七五年間為荷蘭殖民地（當時稱為荷屬蓋納亞），透過掌握這裡，當時的荷蘭壟斷了世界主要的蘭姆酒生產，並引進大量的黑奴到當地做為勞動人口。

一八六三年以後，荷蘭才正式宣布蘇利南廢除奴隸制度，這也使得荷蘭成為最晚放棄奴隸制度的歐洲殖民國家。這之後，為了彌補勞動人口的缺口，荷蘭又自荷屬東印度群島，也就是今天的印尼，引進了勞工到蘇利南從事勞動工作，所以印尼飲食文化也進到了蘇利南。

蘇利南一九七五年才正式獨立，蘇利南人來到荷蘭的故事，開始於殖民時代的少數菁英，例如朋友家的長輩就是年輕從蘇利南先來到荷蘭求學後，才又回到蘇利南就業的。但接著因為政治與經濟動盪的因素，大規模移民潮始於蘇利南獨立前後，並持續到九〇年代。朋友家的長輩和家族其他人也在那時又回到荷蘭，並就此定居。因為這段歷史，加上蘇利南人本來就說荷蘭語，多數蘇利南早期移民也都一直擁有荷蘭護照，即使是晚近的移民，多數也都已經取得荷蘭國籍，可以說是荷蘭移民群體中融入最好的。

我認識的蘇利南朋友，都是第二代，有些更是在荷蘭出生，本地土生土長，母語就是荷蘭語。仔細說來，這些人的父母輩，當年成長時期的自我認同也就是「荷蘭人」。然而自我認同是荷蘭人，就會被荷蘭原生的荷蘭人也這樣認同嗎？會說荷蘭語就是融入嗎？

答案恐怕又沒有這麼簡單。

從前面的歷史可以知道，很多的蘇利南人並不是白人，所以膚色首先就容易被標記出來，畢竟，有色人種在荷蘭並沒有想像中的常見。有聽聞很傳統的荷蘭白人長輩，有著蘇利南黑人就是特別怎樣怎樣的偏見。而為了要能夠區辨

「你我」，荷蘭語對所謂的新移民有特別的稱呼：「allochtonen」，但這個單字並不限指稱第一代移民，最廣義的說法會把不是傳統荷蘭白人的後代都算在裡面，但對於要算到幾代或者混血兒，又沒有定論。有的人把蘇利南後代也歸類在這個分類，有的蘇利南朋友自認自己不是，而有的蘇利南朋友也說，這個單字也並非全然負面，他也會用來指稱自己。大概就是這樣的歷史糾結與情感，使蘇利南移民這個身分表徵，自帶複雜的意涵吧。

殖民地飲食反過來的文化影響

除了歷史與認同，今日在荷蘭講到蘇利南，一定也會提到蘇利南料理。有旅遊評論家建議，來到荷蘭，當然可以考慮品嘗荷式傳統的家庭料理：荷式蔬菜薯泥（Stamppot），但建議千萬別錯過的反而是蘇利南料理和印尼料理。身為喜歡地瓜更勝於馬鈴薯的台灣女生，我確實對蔬菜薯泥興趣缺缺。平常日子懶得開火，要叫外送，鎮上的平價壽司、蘇利南和印尼餐廳是我們家的首選，而多數的蘇利南和印尼餐館也會兼賣有中式食物。

蘇利南飲食已經算是荷蘭飲食的一個分類，標榜蘇利南飲食的餐廳大多是裝潢樸實，家庭式經營的平價料理。因為多樣的移民組成，所謂的蘇利南菜帶著印度、印尼與廣式中菜的混合。由於宗教信仰印度教的影響，蘇利南飲食的素食選擇也比較多，炒飯、熱的雞湯麵、醬燒豆腐、印度式的薄餅沾咖哩。不知道為什麼，當馬鈴薯出現在咖哩時，我總感覺看著也比較順眼，比較能引起食慾。

另一個來荷蘭不可以錯過的就是印尼美食，印尼餐廳選擇更多，像自助餐料理那樣的平價小店與高檔餐廳都有。高檔的印尼餐廳，則又是另一個荷蘭殖民文化影響的轉換呈現。

在荷蘭的印尼餐廳，有一種算人頭點餐的米飯全席（Rijsttafel，Rice table），飲食方式是同時上來十幾種印尼風味菜餚，讓客人配不同口味的米飯吃。這個「桌子」的稱呼據說有兩種起源，一種是指要準備這樣的飲食，得有跟桌子一樣長的材料單；另一種則是說這樣的桌子，正是指稱當年荷蘭殖民官員在印尼享用美食的桌子。因為這樣的飲食方式，雖然端上桌的是印尼菜，但也意圖呈現被殖民地區的富庶與風情。

台灣將這樣的餐點翻譯為米飯全席，這翻譯非常巧妙，一聽馬上就很有滿漢全席的意涵。阿姆斯特丹有家知名印尼餐廳，點米飯全席單人至少三十六歐元起跳，最貴的套餐包含半隻標榜以印尼風味烹調的龍蝦，不含酒水，一個人要快四十七歐元，荷蘭人吃飯一定搭配飲料，一餐下來推估要六十～七十歐，確實不算便宜。也可以想見，當年這樣的宴席方式，在低矮有著浮雕的木頭桌椅，享用各種小碟子盛裝的印尼菜餚，是充滿何等的南洋風情。

荷蘭超市有好幾個在地品牌提供印尼風味的調味品，依照包裝上的圖片，看是要炒青菜、炒飯、燉菜、還是要沙嗲沾醬，都可以自取所需。我最喜歡買一種可以炒四季豆的，增添餐桌風味。不過，有些品牌比較荷蘭化，偏甜，例如印尼傳統醬料辣椒醬，有些牌子真的只有甜辣醬的等級，要吃辣，還是要自己手切點辣椒才夠味。

路邊小吃也很有印尼風味，常見的炸春捲，荷蘭人稱之為「Loempia」，照著字母發音直唸，就是閩南語的潤餅，印尼當地也可以吃到「Loempia」，裡面放入馬鈴薯，據說正是受荷蘭文化影響。花生口味滿滿的沙嗲烤雞肉串，則已經是荷蘭的國民街邊小食不說，荷蘭人甚至還拿薯條沾著沙嗲醬吃。阿姆斯特丹有間出名只賣薯條的炸薯條店，招牌沾醬就是沙嗲醬混美乃滋各一半。我曾經試過，好吃是好吃，但是真的有點太肥！

由此可見，印尼文化對荷蘭飲食的影響又更全面性，不僅有好吃的印尼餐廳，印尼菜的精神也已經默默融入現代荷蘭的日常飲食中，也因為荷蘭人的飲食習慣，變成荷蘭風的印尼菜。殖民帝國荷蘭影響了印尼文化，印尼文化也反過來影響了殖民帝國人民的餐桌。

荷蘭版的聖誕老公公與黑彼得

一麻布袋滿滿的禮物

聖誕老公公 Sinterklaas

我是在秋天末的時候搬來荷蘭，遇到的第一個大節日就是荷蘭的聖尼可拉斯節。在美國，聖誕老公公是在十二月二十四日晚上會送小朋友禮物，但荷蘭是聖尼可拉斯（Sinterklaas）和他的助手彼得（Piet）在十二月五日送孩子禮物。

每年十一月中旬身穿紅白色大衣、蓄著白色長鬍子的聖尼可拉斯，就會和他的白馬，還有彼得搭著蒸汽船抵達荷蘭，接著他們會四處巡禮，到處考察小朋友們過去一年的表現。十二月五日他和彼得會透過煙囪給乖小孩禮物，而不乖的孩子則會得到白樺枝做成的鞭條做為懲罰。之後，他們才會離開荷蘭，又回到西班牙。鄰近幾個國家，荷蘭、比利時、盧森堡、法國北部都慶祝聖尼可拉斯節。在荷蘭，傳統上聖尼可拉斯節在十二月五日，孩子會在那天的早晨收到禮物，但近幾年來，由於這個節日並沒有放假，只是會讓大家提早下班過節，所以有時家庭成員間最重要的慶祝時刻通常是前一日的晚上。

聖尼可拉斯據說就是聖誕老公公的原型，不同於經過可口可樂公司轉化過後的聖誕老公公和藹笑咪咪的形象，聖尼可拉斯是位年長莊重嚴肅、載著紅色帽子和披風、有白鬍子的老人。在節慶期間，櫥窗裡常常可以看到他的造型巧克力。我都會想如果被這位嚴肅老先生知道，他的頭就這樣被一口咬下吃掉，他應該是會很不爽的吧。

這個節日在荷蘭非常重要，簡直是傾全國之力在營造這個傳統。荷蘭人認真執行「相信」的態度，對我來說是古怪又有趣的偏執。而在這個堅持裡面，最大的反思是這種半強迫所有人都要繼續傳統的態度，也許某種程度也反映這個國家骨子裡的價值觀。

荷蘭人怎麼讓孩子相信聖尼可拉斯呢？

從聖尼可拉斯十一月中來到荷蘭開始，電視就追蹤他的足跡，每天六點會有像新聞一樣的片段「Sinterklaasjournaal」，準時放送聖尼可拉斯和他的助手彼得，今天到了哪裡，做了什麼事情，這種節目通常是闔家觀賞的傳統。內容會帶點趣味，有一次是禮物掉到海裡，聽說小孩就會著急，掉的是不是自己的禮物。有次是發現開船用的媒好像少買了一袋，小孩又會開始擔心，船真的可以順利開到荷蘭嗎？

公立學校也會有很多相關的活動，例如會教唱聖尼可拉斯節相關的歌曲，老師會偷偷把教室弄亂，然後告訴小孩說是昨晚彼得來考察了。年幼的小孩也會有機會被打扮成彼得的裝扮，在教室裡模仿他爬上煙囪，學習他是怎樣放禮物，節日當天也會安排身穿著聖尼可拉斯裝扮的大人到班上輪流和大家照相，發放禮物。

家長會準備裝有禮物的麻袋給每個孩子，從十一月中就開始籌辦禮物，麻袋至少要裝滿七分滿，可以想見得買不少禮物給孩子。不同於美式的聖誕老公公是駕著雪橇，聖尼可拉斯是騎著馬進城的，所以到了晚上，家庭會在鞋子裡放置胡蘿蔔給馬吃。

朋友間戲稱聖尼可拉斯節是一個月長的兒童節，因為整個月小孩都在收禮物。這麼長的「收禮物派對」也有一些缺點，例如有的家長是真的每天都給小孩禮物，周末甚至都會收到四、五個禮物；但有些家長只有周末給禮物，而且選擇比較平價實用的，例如小卡片貼紙這類。那小孩間難免產生比較的心理。

有位資深荷蘭媽媽友人就跟我說，這麼多年，她仍然堅持只在周末給些小禮物，因為這整個節慶已經讓小孩很興奮了，所以她不想每天都是禮物派對，對於小孩子來說，他們會興奮要收禮物，有時候甚至睡不好，很早起床只為了看看聖尼可拉斯昨晚有沒有送禮物。

聖尼可拉斯節還有另一個送字母巧克力給朋友的習俗，一般超市都有很多平價的字母巧克力，各種字母任君挑選，不論哪個字母都是相同重量均一價。一般來說，會選購是看收禮者的名字首字母，大家會買來當做十二月五日禮物清單的其中一樣。家庭成人間通常會抽籤來交換禮物，有的荷蘭家庭也會輪流抽親友的名字，然後規定要以抽中親友的名字創作一首小詩，來描繪這一年有意義的事件或者互相開玩笑，詩通常會在節慶的親友聚會中被朗誦出來。

第一次聽到寫詩這樣的傳統時，我覺得是非常好的家庭活動。不過聽一些嫁娶荷蘭人的外籍配偶表示，千萬不要小看這個活動，大家都非常認真在創作。所以他們也得費盡心力用還不輪轉的荷蘭語努力寫作，不然當天朗誦出來，品質不佳，可是相當不好意思呢。

至於我們，每年入境隨俗，夫妻間倒是都會交換一個字母巧克力。

黑彼得的爭議

近十幾年，種族歧視的議題，也為荷蘭如何慶祝和維持聖尼古拉斯節的傳統帶來爭議和挑戰。首先傳統的形象馬上就遭致批判。在傳統節慶遊行裡的彼得通常是白人塗上黑臉，配上鮮紅色的唇彩和戴著大金耳環。這樣的黑彼得形象，其實是在十九世紀末，由荷蘭教育家與作家「Jan Schenkman」在繪本《聖尼可拉斯與他的幫手》（St. Nicolaasenzijn Knecht）裡所描繪的，而這正是當時社會盛行由白人演員裝扮成黑人的舞台裝。後來，也被認定是種族歧視的象徵和刻板印象之一。

有很長的一段時間，荷蘭社會對於人們或國際社會針對黑彼得的抗議，一直從維護傳統文化的角度為自己辯護，強調黑彼得的節慶意義、強調黑彼得出現時孩童的歡樂、強調人們是喜歡黑彼得的、強調境內的有色人種也是很愛黑彼得的。而這個強調幾乎已經到了否認他人的態度，因為荷蘭境內的有色人種是有明確表達抗議的。

有人批評這已經是荷蘭人偽善的最佳例子，否認過去殖民侵略，不肯面對自己在奴隸買賣歷史中的罪刑，宣稱「寬容、平等與自由」的同時，卻是明確的隱性種族歧視者。荷蘭總理魯特，甚至曾經在二〇一四年說到：「黑彼得就是黑色的，我不可能改變這一點，因為他就叫做黑彼得。」

我個人是明確的不喜歡「黑」彼得某些辯護的態度，也讓人覺得大為光火。我支持維護傳統文化，但即使是某些族群的共同記憶，也不應該建立在特定族群的痛苦上。對於宣稱傳統不能改變的人，請問要不要先把身上的衣服脫光，畢竟祖先可都是光著身子跑呢！

不過改變當然都是需要時間的，和幾年前比，狀況已經更有改善，民意調查也愈來愈多人支持改變。阿姆斯特丹和鹿特丹等城市，在二〇一七年開始陸續禁止黑彼得裝扮的角色參加年度遊行。雖然口語上有人還是會說黑彼得，但每年遊行的黑彼得慢慢由煙囪彼得取代，不再由白人全臉塗黑，戴著大耳環，來代表黑人，相反地就是白人的臉，只簡單以灰塵點綴，象徵在發送禮物過程當中沾到了煤灰。

我來荷蘭的那年還是鋪天蓋地的黑彼得，等到女兒開始學習荷語時，學校已經不教「黑」彼得了（zwarte piet），拿回來的荷語複習單字就只有「Piet」。有次和同事開會不知道講到什麼，她也主動提及開玩笑地說：「對阿，觀念都是一直在進步的，就像我們（荷蘭人）現在也不說黑彼得了。」

不過，改變總是緩慢的，有時也是需要外力的幫忙。正是同一位總理魯特在二〇二〇年六月時表示，因為和有色人種對話，同時也有幼兒對他說：「（黑彼得）這真是難以想像的歧視」，他（擁護黑彼得）的態度產生了重大的變化。二〇二〇年，臉書和 IG 率先表態將全面禁止張貼黑彼得的照片，同時開始刪除相關照片，亞馬遜宣布禁止販售黑彼得相關的商品，Google 禁止相關言論。這些公司都有一個共同點，都是美國母公司。而向來認為自己懂得比較多，意見最好，也批判過美國種族主義，但不喜歡別人干涉的荷蘭人，一開始也有不少人出面表示美國人滾開，少來管荷蘭家的閒事。

但少數人的懷舊，終究不能夠成為支持種族歧視的正確理由，荷蘭自家境內最大的網路通路 Bol，也馬上跟進主動宣布將調整規定，彼得的服裝雖然可以繼續販售，但是黑彼得的照片將下架，相關的影片或者有黑彼得模樣的書籍，會加註警語。黑彼得的書籍，也開始從荷蘭公立圖書館下架。評論家評論，荷蘭人似乎終於準備好要向黑彼得說掰掰了。不管是基於現實壓力或是真的社會進步，真是樂見荷蘭產生這樣的轉變。

外來家庭的挑戰

相較於荷蘭傾全國之力，去讓孩子相信有聖尼可拉斯和彼得這件事，我們這樣有小孩的外來家庭是面對極大挑戰的。尤其是伴侶是美國人，家人都會為孩子準備聖誕禮物。而從小孩三歲比較懂事時，我們開始傷腦筋要不要也來準備來自聖尼可拉斯一麻布袋的禮物呢？

另一個挑戰就是除了彼得，還有各種聖尼可拉斯節的習俗要不要參加？怎麼參加？例如聖尼可拉斯節期間就像聖誕假期一樣，很多公司都會舉辦闔家同歡的活動，一定會唱聖尼可拉斯相關的歌。我們是不是也該去學一下這些荷語歌呢？而這些盛行的節慶荷語歌曲和習俗，有些也相當傳統，會有嚇唬孩子的話，包括不乖就要用藤條打，或者不乖小孩就會被彼得用麻布袋抓走，這實在是跟我的教養觀不太相符合啊。

不過簡單說，自己不論是對聖尼可拉斯或者聖誕老公公，都是比較無可無不可的態度。有人問我會何時讓小孩知道聖尼可拉斯或聖誕老公公的真相呢？其實對世界懷抱著美好幻想，是兒童的特權，甚至十二月就是耶穌降生的日子，奇蹟的月份，總是會有好事發生，至於好事怎麼發生，很難說的嘛。

荷蘭的紅燈區與性工作者

一閃一閃霓虹背後的孤單與哀愁

在荷蘭政府的官方網站上，可以找到如何成為性工作者的最初步指引，年滿十八歲是首要條件。紅燈區的合法工作年紀是地方政府制定的，所以阿姆斯特丹紅燈區知名的櫥窗妓院性工作者必須年滿二十一歲，年滿十八歲的性工作者則只能擔任呼叫的伴遊小姐，不能租用櫥窗。性工作者在荷蘭被視為自由工作者，要登記自顧者工作證，依收入繳稅。在特殊時期，例如新冠肺炎疫情，也可依自身條件，請領政府合法的補助。

有人認為合法的性產業，代表荷蘭很開放。其實荷蘭雖然從來不把性工作列為非法，立法管理性交易也有很長的歷史，但這樣的動機，與其簡單歸因於是自由開放，更多學者認為這是因為荷蘭人務實性格，既然問題就是在那裡，性交易和人們的性需求不會消失，那麼與其禁止，不如思考怎樣面對這樣的問題。

歷史追朔到十五世紀，水手上岸後，需要解決生理需求，有需求就有供給，這就形成了阿姆斯特丹紅燈區的最初雛形。自二千年開始，荷蘭政府將性產業專區的設立，准許成為市政府等級的業務，當時幾個大城市都設有頗具規模的專區。阿姆斯特丹舊教堂附近也規劃為性產業專區之一，櫥窗妓院招牌霓虹閃爍，成為著名的代表象徵。

然而從二〇〇八年開始，荷蘭政府提出十年縮減法令，不少城市的紅燈區（鹿特丹、烏特列支），都關閉或縮減規模。阿姆斯特丹雖然靠紅燈區，特別是櫥窗妓院賺進大把觀光財，但也一直有不同意見的檢討聲浪。自二〇二〇年起，阿姆斯特丹已全面禁止私人導賞團及旅行團參觀紅燈區，理由除了應該尊重性工作者，副市長出面時也說，觀賞性工作者作為觀光吸引手段已經過時了。

不過，要成為賺錢的性工作者還是得有兩把刷子的！二〇一七年時，紅燈區娼妓資訊中心發布這樣的好消息，阿姆斯特丹市政府與義工組織合作，提供性工作者進修證書，來幫助增進技能，訓練為期四個月，只收四百歐元。不過唯一的挑戰是訓練所在地將成為教育單位，距離最古老且歷史悠久的大麻店「鬥牛犬」只有二百四十九公尺，而根據地區法規，大麻店又必須離學校二百五十公尺遠，這個困境恐怕有待政府出面協商解決。嘿，思考要不要報名學程前，別高興得太早，因為這其實是愚人節的玩笑新聞，也是荷蘭人幽默感的展現！

不過呢，雖然沒有證書學程，但是任何一個行業都有專門的知識，提供給性工作進修的工作坊還是不少，包括怎樣處理稅務等比較一般的知識，到如何應付奧客和工作技巧等行業潛規則。近年，也有各種如何從事線上虛擬性愛的工作坊。

看來不論從事哪個行業，專業技巧都得因應時代需求的不同而進步呢。

被觀看的紅燈區櫥窗

有人會開玩笑的說，要看趁早，紅燈區搞不好快要消失了。這不是危言聳聽，而是正在發生喔。

阿姆斯特丹其實有三個紅燈區，但最負盛名的就是舊城區火車站旁這塊，這裡有著最古老的歷史。在荷語這區被稱為「De Wallen」，中文翻譯「德瓦倫區」，但這個字其實就是字面上看起來的樣子：「牆壁」，有兩種說法，一是因為位於該區域鄰近舊港口的某些運河曾經被圍起來；第二種解釋是因為圍牆曾經是「有償性行為」的代號。

阿姆斯特丹的德瓦倫區，雖然還是提供性服務，主要消費者也是遊客，但這個區域目前為城市帶來附加的觀光價值，更為可觀！

每個來到阿姆斯特丹的人幾乎都會去紅燈區逛逛，這裡的逛逛多數就是字面上的意思，走走看看的人遠多於實際消費的人。紅燈區內標榜介紹紅燈區相關知識的「博物館」就有四間，參觀票價從七到十二歐（約二百五十到四百二十台幣），其中的紅燈區秘密博物館還附設有櫥窗座位，讓遊客坐在那裡體驗被觀看、被挑選的感覺，據說練習從櫥窗裡和外面的人調情互動，有助於提升自信心。

有人會付費參加二十五到四十歐（八百七十五到一千四百台幣）等不同價位的紅燈區英文導覽，這些一個半到兩個小時的步行導覽以紅燈區做號召，但包含周邊商店參觀與歷史講解。其中三十歐以上的行程，特別強調以性工作者親自導覽做為號召。換言之，如果願意再多付五歐，就會親自看到一名性工作者喔。除了專家出馬直接回答問題，本來就該比較貴一點。不可否認，這也是行銷，總是有人衝著獵奇的心態願意多付出這五歐。

有人不參加導覽，純粹街邊走走，至少也帶動了消費人潮。但性工作者抱怨，都說了明令禁止拍照，怎麼還是有人非得偷偷照相，搞得她們得發脾氣不可。當然除了自由行的旅客，團進團出的旅遊團，更是讓老教堂城區過度擁擠，性工作者抱怨來來往往的人潮，甚至對她們無禮的注視，都會影響生意。

紅燈區裡性工作者的故事

如果前面的段落，讓人覺得紅燈區是閃亮的，那麼接下來，我想跟大家分享，閃光背後與性工作者相關，更多屬於人的故事。

目前在荷蘭從事合法性工作的，本地人的比例約只有三分之一，長期以來，高比例的是多明尼加和哥倫比亞的移民性工作者，晚近又加入鄰近較為貧窮的國家，包括捷克、波蘭、匈牙利、羅馬尼亞。性工作雖然合法化，但國際組織還是常常在各地查獲與荷蘭性工作產業有關連的人口販運問題。換言之，固然在荷蘭的性工作者受到合法保障，但每個人的自主意願並無法完全肯定。

我曾經意外經過非大城市的紅燈區，沒有了旅遊景點，遊客看熱鬧的氛圍，那是實實在在做生意的場所。夏日近晚的紅燈區只有兩戶，一閃一閃的霓虹顯得有些孤單而蕭瑟。

我問身邊年長的女性荷蘭朋友，她帶點憐憫的說，不然你讓這些可憐的女人怎麼辦呢？她說她很不喜歡這個紅燈區，只要可以她不想經過。但是取締紅燈區或者不讓她們營業，只是讓一切的性交易轉為地下化或非法化，對這些女性也更沒有保障。她看著我說，難道有更好的辦法嗎？這位荷蘭朋友的態度或許可以作為一種具體而微的象徵。不是那麼喜歡，但也想不出更好的辦法，所以以迴避來避免衝突。

確實，雖然有人喊出不尊重娼妓就是不尊重女性的口號，在荷蘭從事性工作也可以合法，但是容忍不完全等同於接納包容。因此，我走訪荷蘭的社工單位，想多了解紅燈區招牌後面的故事。荷蘭有個「Spot 46」正是專門提供性工作者稅務諮詢服務的單位。很多移民性工作者因為不諳荷語，也因為教育程度不高，不具備電腦技能，所以根本不會使用線上翻譯軟體，在稅務或申請補助時需要各種協助。

「Spot 46」諮詢專員維拉跟我分享，來諮詢的移民性工作者很多都是屬於侯鳥型，這種非常辛苦，她們工作在荷蘭，但個人生活脈絡還是在家鄉。多數是來荷蘭幾週，然後回家幾週。兩地間的文化差異，會帶來適應困難。而且在荷蘭期間她們會拚命工作，一天十～十二小時的接客生活，一週七天。先不論工作難度，超時工作不僅影響健康，也讓她們在荷蘭幾乎沒有私人生活與休閒，不少人在荷蘭期間會非常想家，甚至影響心理健康。

性工作者有少部分收入確實很好，少數月收入可以超過一萬歐，假設一年工作十個月，這已經是在荷蘭收入的前一〇％以上。但更多數的性工作者都只有普通的收入，有些還因為收入不好，必須仰賴社會救濟。

但對候鳥型的移民性工作者來說，因為匯率的關係，工作所得通常足以支撐在故鄉的家庭，有些人除了負擔自家家計外，還負擔親友的，普遍一位候鳥型的移民性工作者可能要照顧十～十二位家人。移民性工作者多數是透過親友間的口耳相傳，知道可以來荷蘭打工。家有幼齡兒童或青少年的，不一定會告知孩子外出工作的性質，但成人親友多數都是知情的。

閒聊間，我也請教維拉這幾年的工作心得，和她觀察周遭荷蘭人士對性工作者的態度。維拉表示除了迴避，不談這個話題，人們對於性工作者也常常抱持著不切實際、非常平面的想像。例如大家會驚訝，什麼，性工作者居然會有小孩？聽到有些性工作者會一直工作到法定退休年齡的六十七歲，也會覺得很不可思議。維拉說這些態度有時近乎偽善，讓她感到非常挫折。

她認為社會不能轉頭不去看性工作者的工作議題，畢竟性工作者並沒有得到非常好的照顧。而即使不是受逼迫，多數擔任性工作者的人往往是相對弱勢，需要受助的一群，這個工作通常是在非常有限選擇中做出的選擇。

「Spot 46」所屬的非營利組織「Shop」，對於願意轉行的性工作者提供各種職涯訓練，其中比較容易轉行的工作是銷售店員和服務業。如果是非本地的性工作者，其中很重要的，就是必須加強她們的荷語能力。參加者都是那些願意留在荷蘭的人，至於候鳥型的移民性工作者，多數並無意願移居荷蘭。

「Spot 46」也倡議人們要以更立體的方式看待性工作者，人們對於性工作者的偏見或看法可能永遠不會消失，但合法性工作者就像你我一樣，都是衡量各種資源後，試著透過努力，餵飽自己的家庭。「Spot 46」最近也開始透過社群媒體，臉書和ＩＧ，在徵求當事者同意後，分享性工作者自身的故事，包含日常生活足跡、嗜好興趣和喜歡的食物，希望幫助大家可以穿透這個職業的污名，看見背後那個平凡的人。

多數人可能跟我一樣，對於紅燈區的初始印象會是觀光的、有趣的、值得一遊的。然而如果進一步去了解，這些人也是合法的性工作者。透過「Spot 46」的分享，看紅燈區的熱鬧之餘，千萬不要忘記，裡面的每個性工作者都有屬於她自己的人生故事。

大麻這件事

coffeeshop 是大麻店？

談到每個國家，大家都會有馬上浮起的幾個關鍵字。不可諱言，提到荷蘭時，不少人會聯想到大麻。但我想先澄清一下，荷蘭雖然常與大麻聯想在一起，也不表示大麻就長在路邊，或者每個人隨時都能從口袋拿出大麻煙來。

事實上這個國家，不僅對於大麻有很多明確規範，而且也沒有毒品合法化。阿姆斯特丹近年來也在研議要對抽大麻採取更嚴格的措施，不僅意圖減少大麻對遊客的吸引力，減輕過多遊客對於城市的影響，同時也希望阻截犯罪份子從中賺錢的管道。

大家都說荷蘭大麻合法，這是不對的，荷蘭對於大麻的相關規範是「非法的，但不應受到懲罰」，換言之，其實也和對待性工作者的態度相似，比較是容忍而非倡議。甚至更精準地說，因為有合法的大麻販賣，旅客很可能誤以為這個國家對大麻相對寬容，但其實整體的態度比較像是勉強容忍，對少量持有，視而不見，持有過多的大麻，則是非法。

原則上，一般人也不被允許在家裡自種大麻販賣，大量種植大麻的場所，往往因為維持溫度而運用到人造燈，所以很多種植大麻的屋子，會在秋冬被破獲，因為屋頂的人造燈會直接將霜雪消融，和左右鄰居的白色屋頂兩相對照，就非常明顯。

我並不想對使用大麻進行過多的個人意見分享或道德判斷，但是我想透過居住者聽到知道和觀察到的訊息，來和旅者所接觸的不同面向，互相對照。

大麻咖啡店與大麻蛋糕

在荷蘭，大麻店稱之為「coffeeshop」，「café」才是指咖啡店，大家可不要跑錯了。有執照的大麻店被允許銷售少量，五公克以下的大麻商品供個人使用，店內通常也販售飲料和食物，但禁止販賣酒精飲料與銷售大麻給十八歲的未成年人。客人除了買回家，也可以直接在店內抽大麻，抽大麻的環境通常布置的暗色調且舒適，音樂選擇以比較不刺激的為主。

朋友是專業私人導遊，所以常常有機會到阿姆斯特丹接待商務客做一日導覽，除了開車到知名景點走走看看，也有人會指定要去大麻店嘗鮮。阿姆斯特丹知名的幾間大麻店，布置得就像高級夜店，其中一間還是玻璃地板，底下養著金魚游來游去，增添迷離效果。朋友是導遊，當然得保持清醒，有時候他會和店內的客人閒聊，幾次下來，他發現由於阿姆斯特丹機場每天轉機的旅客很多，有些經常轉機的旅客，習慣會利用轉機時間出機場，來大麻店安靜休息放鬆一下。

朋友根據這幾年帶領大家嘗試的經驗作出提醒，多數人抽完大麻後，會很放鬆很累，很多人會忘記當下發生什麼事情。所以如果是來觀光體驗的朋友，最好能夠採取比較謹慎的態度，至少維持周圍有一個人是清醒的。

以前住在公寓，天氣好的時候，有人會在自家陽台抽大麻菸，我不得不說，二手大麻煙很難被忽視，因為它真的非常臭，聞到並不舒服。

除了大麻煙，很多旅客會想好奇試試看的可能是大麻蛋糕，大麻蛋糕英文是太空蛋糕（space cake），跟它的意境也有點關係。含有大麻的甜點並不只有大麻蛋糕，也可以是大麻布朗尼、大麻餅乾、大麻馬卡龍，其中有間店以大麻紅絲絨香草蛋糕聞名，但因為不是每間店都有販賣，想要購買要先查好資訊。

大麻會被加入甜點，是因大麻的化學反應須經過加熱才能啟動，所以透過烘焙就可以。大麻甜點和抽大麻的不同，簡單說就是大麻甜點的反應會比較慢，大約要三十分鐘到兩小時，因人而異。因為吸收管道的不同，很可能反應更強烈，沒有經驗的人，要少量緩慢服用，不要因為一時沒有效果，就猛吃太多。

有朋友曾經異想天開自己試著買大麻後，回家烤大麻蛋糕，我不確定他用的是什麼食譜。但我問他成品怎樣，他說烤過的大麻產生一種黑胡椒的味道，吃起來辣辣的，好像胡椒餅喔。

疑，這可跟文章雜誌介紹的大麻甜點不太一樣。好吃的大麻甜點，據說吃起來跟一般甜點一樣可口，而且也講究某些烘焙技巧，特別是溫度的控制，我猜想朋友也許是溫度太高，又忘了放糖。

既不禁忌、也不日常

那荷蘭人是大麻專家嗎？答案絕對不是。抽大麻，也不是多數荷蘭成年人的日常。大麻在荷蘭雖然不算是什麼禁忌話題，但絕對也不像討論喜歡哪個牌子的啤酒或香菸那樣平常。大家可以知道誰是身邊的社交吸菸者，但如果問起來，除了同住者，多數人都不知道朋友是否有抽大麻菸的習慣。

根據我把身邊荷蘭熟朋友問一圈的結果，不少人確實都有過抽大麻的經驗，有個荷蘭媽媽還表示，她知道她的小孩大學時有抽過幾次大麻，但以她來看，抽大麻還好，她更擔心自己孩子飲酒過度的可能。

好像多數人真的就是大學時代，剛成年喜歡嘗試新事務時試試看而已，他們自己知道有繼續使用的人並不多。有個台灣朋友也說，因為居住在較為保守的城鎮，所以她有次也發現周遭女性親友，居然都明確表示從來沒有嘗試過大麻。大麻是否會對生理或心理依賴成癮，見仁見智，但是身邊也真的有荷蘭朋友深陷親友過度使用大麻的困擾。

5

一日荷蘭人

荷式生活體驗

把騎腳踏車藝術化的荷蘭人

神乎其技、出神入化

在荷蘭，腳踏車應該是最重要的交通工具，整體數量比人還多。不少人會搭乘火車在兩個城市間通勤上班，有的在不同城鎮間的火車站，各自停有一輛腳踏車作為住家到火車站，或火車站到工作地之用。有的，會買張腳踏車票，讓腳踏車搭火車，跟人一起通勤。

不誇張的說，幾乎不論何時，各車站停放腳踏車的車庫，放眼望去，都是滿滿的腳踏車海。在路上也可以看見許多上下班途中，身穿西裝或者漂亮洋裝高跟鞋的腳踏車騎士。以腳踏車首都自封的阿姆斯特丹，人口約八十一萬五千人，但整個城市所有的腳踏車數量就有百萬之譜，是汽車數量的四倍。很多建築物的地底下，就是腳踏車的停車場。荷蘭的自行車道路網也非常完善，絕大多數都是獨立出來的，在全國總長約為三萬五千公里，相當等於台灣繞四十圈（台灣繞一圈約八百公里）。

荷蘭最廣為人知的政治人物之一，總理馬克・魯特也是騎腳踏車上下班，有張網路照廣為流傳，正是他去荷蘭國王的宮殿參加會議，在門口鎖車的身影。是的，即使貴為總理，宮殿附近有守衛，還是要記得鎖腳踏車，因為根據生活經驗，荷蘭腳踏車真的是太容易被偷了！而**因應腳踏車容易被偷和損壞，在荷蘭還可以買到腳踏車族專用的保險**。有人開玩笑在阿姆斯特丹的路上，對著腳踏車車潮，大喊「還我車來」，馬上就會有十幾個人棄腳踏車逃逸。

這裡，也要順便帶到荷蘭和德國的腳踏車歷史恩怨。據說二次世界大戰時，德國曾經大規模的徵收佔用荷蘭人的腳踏車，所以時至今日，當荷蘭人要嗆德國人的時候就可以對他說：「還我車來」！

放口袋，僅靠雙腳踩踏板騎車的各種騎法都是常態。還有男孩女孩併肩騎車，打情罵俏談戀愛的。一次甚至有位迎面而來的腳踏車騎士，邊騎車邊剝著橘子吃，吃完還把橘子皮好好的收進口袋，全部動作都是現在進行式，流暢且一氣呵成，當下還真想為他喝采。有好些媽媽，會邊騎車邊餵孩子吃東西，這難免會讓人捏把冷汗！

附近大學城的年輕男騎士，單手騎車，後面還扶著一箱啤酒是稀鬆平常。而學生們為了省錢，到ＩＫＥＡ買家具，買了以後自行用兩台腳踏車，一人扶著一頭，前後這樣搬家具，也看過好幾次。因應腳踏車移動也有不同載具，有些家庭會再加裝有罩的腳踏車車廂，讓孩子可以坐在裡面，方便且更溫暖。當然，這種腳踏車技術也要好。

荷蘭腳踏車規定要裝車燈，傍晚時分就得打開，沒有開車燈會被開罰單。荷蘭朋友曾經特別提醒我們，超過九點後，夜晚開車或騎車一定要非常小心，因為好多醉醺醺的腳踏車騎士可能會自己撞上來，或者忘記要開燈。

我最疑惑的是安全帽，腳踏車雖然速度受限，但終究是肉包鐵，可是荷蘭的法律，對於騎一般腳踏車並沒有強制規定要戴安全帽，所以路上真正戴安全帽的人少之又少。詢問幾位荷蘭朋友，有人說戴上安全帽，反而會讓人以為「安全」，而更輕忽要提高警覺騎車。不過也有人說最主要還是法律並未強制，所以大家也就傾向不戴安全帽。

簡單說，除非競速腳踏車，不然在荷蘭，幾乎很少人戴安全帽騎一般腳踏車。某位荷蘭老兄曾語帶戲謔地說，如果是還要戴安全帽的騎士，技術不佳，那請他別上路吧。但因為我家畢竟不是荷蘭人，所以大家都配有安全帽，小心駛得萬年船。

荷蘭小孩學騎車

例外的，大概就是剛學騎車的小孩通常會戴安全帽。荷蘭的小孩兩歲就騎平衡車，到了四歲入小學前就直接學習腳踏車，輔助輪在這裡並不常見。開始會騎車的小孩，會自己騎車跟著爸媽一起上學，而不是由爸媽載來上學。但是一開始怎麼訓練呢？小孩騎車慢，所以通常都是爸媽單手騎車，另一手扶著小孩，推著他，平行前進，這真的是需要爸媽騎士有非常好的平衡感！

小學戶外教學有時也會讓小孩騎腳踏車，我觀察過，少數幾個可能不會騎腳踏車，或者當天忘記要騎腳踏車來的孩子，會由老師載。但這就是同儕壓力啊，大家都會獨立騎車的狀況下，恐怕也會激勵小孩很快學習吧。到了中學，開始要煩惱換車的問題。每個孩子進入青春期的時間不同，成長速度不同，不是每個孩子十二、十三歲都長成了適合駕馭成人腳踏車的身形。然而，聽說，中學的騎車潛規則是一定要換成人腳踏車，不然恐怕會被同學取笑，嚴重一點的，特別是男孩，聽說還會被當成潛在的霸凌目標呢。

小心腳踏車！

荷蘭腳踏車路線的規劃完善，多數路段都和汽車路線分流，有自己專屬的道路，但與少數機車或電動腳踏車共用。雖然各大路口都有專屬給腳踏車的號誌，但每隔一些距離，總有幾小段，要跨越車道抵達對向的行人道間是沒有號誌的，這時全憑腳踏車騎士和行人互相觀察對方的動作。所以遠遠看到腳踏車騎士速度快又沒有專心騎車，我心裡都會有點害怕會被撞上。我也親眼看到幾次通過馬路的老人被腳踏車撞倒在地，一時無法起身。我沒有辦法肯定是哪方的過失，但腳踏車兩兩相撞或者撞到行人確實時有所見。

我自己的經驗是像阿姆斯特丹或大城市繁忙區域，荷蘭人騎腳踏車的兇猛程度，大概跟台灣騎摩托車很像，所以行走時，千萬要小心，不要走到腳踏車道上去，不然可能會被白眼或者發生意外。

動靜皆宜的荷蘭人

愛熱鬧慶生也愛閱讀

根據心理學研究，外向者和內向者最大的區辨方式，不是表達、不是嗜好，而是他們喜歡透過什麼樣的方式充電恢復能量。從這個角度來看，固然有個別差異，但荷蘭人確實是動靜皆宜。

荷蘭人不僅喜歡聚會、喜歡趴踢，在趴踢中，炒熱氣氛的啤酒當然也不會少，不然怎麼會有海尼根，這樣世界知名的啤酒品牌呢。但同時荷蘭人也非常喜歡閱讀，在世界喜好閱讀的排名第十名，也透過各種活動來繼續推動下一世代的閱讀習慣。

愛慶生的荷蘭人

不能不提的當然就是荷蘭人對於慶生會的重視！歐美不少家庭都會把親朋好友生日登錄到月曆上的習慣，而荷蘭因為極度重視生日文化，還有專門的生日日曆（verjaardagskalender），用來紀錄親朋好友生日！有件事，我覺得最特別，就是傳統上這個月曆是掛在廁所的，據說這樣，天天都有機會看到月曆，就不會忘記好朋友的生日。

每年登錄親友生日日曆時，除了填入人名，荷蘭式的習慣是把這個人哪一年出生也登記上去，這樣就可以算這個人幾歲。在荷蘭，每一歲都有自己專屬的生日卡片。傳統上，這裡並不時興「女人的年齡是秘密」那一套。如果很確定壽星今年是幾歲，就可以買這種卡片。如果不確定，建議還是買普通生日卡片就好，不然送錯也是很尷尬。

多數的荷蘭父母親從小孩一歲開始，就會在家裡辦生日慶祝會，邀請親友參加。被邀請的賓客會帶上禮物，然後進到慶生會場地，訪客得跟所有已經在場的人打招呼說恭喜（Gefeliciteerd）。對，沒錯，是所有的人。以前的人因為彼此認識，所以除了說恭喜，有的人也會用「完整句」對不同賓客說，恭喜你的某某人！例如恭喜你的姪子或女兒，聽起來真像一場即興的親屬稱謂公民知識大考驗。

在荷蘭，慶生會通常只提供小點心和酒水。大家陸續到場後，先問候彼此，然後圍坐一圈聊天，最後唱生日歌和切蛋糕。除了耳熟能詳的生日歌，荷蘭也有自己荷語的生日快樂歌，幾首常見的生日快樂歌，不論壽星年紀，都是祝壽星要長命百歲。最後賓客離開前，主人家會準備小禮物，讓賓客帶走。而成功的生日會，當然就是營造享受親友間 Gezellig 的氣氛。**據說，判斷與荷蘭人交情深淺的指標之一，就是有沒有被邀請到這個朋友的慶生會**。

除了家庭慶生，年輕人當然也會在外慶生，傳統上壽星要請大家喝啤酒，或買單食物酒水。在職場上，壽星要自配小點心蛋糕來請同事，同事間看交情，交情夠才會需要準備禮物。所以沒有準備禮物，不要覺得不好意思。但同時做好心理準備，沒有收到禮物也不要太驚訝，畢竟傳統上，荷蘭人把點頭之交和朋友是區分開來的。不管如何，我建議還是遵守文化潛規則，生日當天，主動帶點心或蛋糕到辦公室和大家分享，工作日的下午，來點甜食，總是振奮人心。

荷蘭最重要的生日是五十歲，考究發現，大概是與聖經上亞伯拉罕（Abraham）的典故有關。五十歲通常被認為是已經有足夠的人生經驗、足夠的智慧，男性會舉辦傳統上稱之為「見亞伯拉罕」，女性則是「見莎拉」（亞伯拉罕之妻，Sarah）的擴大慶生會。這和「五十知天命」，好像也互相呼應呢！而遠遠看到，有人辦派對，外面放著大大的 Sarah 或 Abraham 的充氣娃娃，就知道今天這裡有個五十歲的壽星。

從這一年開始，好像每十年都是大的慶生指標，六十歲、七十歲常常被擴大慶祝。不像五十歲有點搞笑的風格，六十歲的生日，不少平日簡樸的荷蘭人會花大錢租下餐廳，大家打扮得美美的共同慶祝，或者在自家後院提供高級的外燴，讓親友在相對放鬆的環境好好享用美食。

五十歲既然重要，年輕人也有慶祝二十五歲的花招，也就是二十五歲生日當天僅提供半份禮物給壽星，或共享半個蛋糕。運用年紀卡片玩巧思，朋友說，從很久以前開始，當她阿嬤五十歲那年，家人就開始給阿嬤二十五歲的卡片，大家寫上甜蜜討喜的祝福，寓意阿嬤雖然五十歲了卻有著二十五歲的活力。然後到了六十歲時就改成三十歲的卡片，如此持續下去。

由於荷蘭人是這樣愛過生日，我女兒從很小就接觸這樣的慶生文化。在荷蘭托嬰中心，小寶寶一歲生日當天，家長會準備小禮物去送同學，通常是氣球一顆、一小盒葡萄乾、指偶或塑膠小鴨。老師當天會用西卡紙做漂亮的壽星帽，大家會圍著壽星唱生日快樂歌。到了快兩歲，小孩就會開始練習，進到慶生場地，輪流和所有人打招呼的文化習慣。

我私以為這樣的文化習慣和練習，也反映**荷蘭教育重視社交能力的態度**。不過也因為如此，當女兒兩歲多參加爸爸實驗室的聖誕派對時，她很自然以為到了趴踢，就要跟大家握手，於是就看到只有大人膝蓋高的她，搖搖擺擺的跟爸爸的同事、學生個別握手，甚是可愛！

身為女性，我雖然覺得不怕人家知道自己幾歲這種態度，非常坦然且美好。不過這幾年，當我帶小點心到辦公室，碰上直言的荷蘭人，單刀直入的問今年幾歲，直接要我大聲報上歲數，難免還是會有點不好意思呢！

持續推廣閱讀的荷蘭人

除了愛熱鬧，荷蘭人也喜歡閱讀，特別是他們持續性推廣閱讀的習慣與活動，很值得一提。

三月份，「荷蘭書籍宣傳推廣協會」會舉辦「全國讀書週」，這項活動自一九三二年開辦，每年都會關注不同主題，在讀書週期間荷蘭各地，都會有推廣閱讀的活動，也會出版專門的讀書週年度書籍、文章和雜誌，也有給藝文人士參加的專門派對。

雖然和世界各地一樣，荷蘭有愈來愈多把握各種時間滑手機的低頭族，但是在通勤火車上，不分男女老少，還是可以看到很多閱讀紙本書的人。根據統計，七〇％的乘客搭火車時會攜帶讀物。大概也是這樣，荷蘭國鐵（NS）從二〇〇二年起，用免費車票贊助讀書週。活動期間購買書籍到指定金額，就會獲得年度的禮物書。

禮物書每年邀請荷蘭知名作家特地撰寫，只送不賣，讀書週結束的星期日，憑著當年度的禮物書，就可以當天免費乘坐荷蘭國鐵，可說是最受歡迎、也最成功的讀書週活動。

每一年的閱讀週主題，固然反映出時代感，但有時也會帶來意外的爭辯。二〇二一年的主軸是衝突，談人的內外在衝突；二〇二〇年的主題是反叛與示威；二〇一九年則是女人與母親。其中二〇一九年的主題，曾引起荷蘭文界的抗議，當年的爭議不僅在於選題，也在於指定寫作禮物書和年度短文的作家皆為男性。荷蘭幾位文字創作者共同發表聲明表示遺憾，認為已經是二十一世紀了，荷蘭文壇仍然僅邀請兒子書寫母親，而不邀請女兒書寫母親。

當然，「荷蘭書籍宣傳推廣協會」澄清，這樣的選題不是為了要推廣性別刻板印象，而是希望帶來更正向的討論。荷蘭閱讀週的影響力，近幾年也慢慢往世界擴散，年度禮物書雖然是用荷文書寫，但也開始會被翻譯成英文版本向世界發行。

除了關注成人閱讀，自一九五五年，「荷蘭書籍宣傳推廣協會」也開始推動兒童閱讀週。時間約在九到十月，目標是推廣荷蘭語（創作）的兒童書籍。這段時間，地區圖書館會有故事老師，用故事箱的方式，到鄰近幼兒園說故事。托嬰中心和小學也會配合年度主題規劃活動，同時教唱為了年度選書創作的兒童韻律歌曲。針對青少年，「荷蘭書籍宣傳推廣協會」也在此時推薦年度好書。二〇二〇年兒童閱讀週的主題是，「然後呢？」（En toen?）目標是介紹荷蘭的歷史。

對於荷蘭推廣閱讀活動的努力，我是非常欣賞的。畢竟透過閱讀，我們所有的人都能通往一個不受地理空間限制的世界。

荷蘭人自己讀書，也喜歡送人書作為禮物。我不僅好幾次收到書籍作為禮物，每年放暑假前，大學中心的主任也都會選一本書作為暑假閱讀送給同仁。因為不諳荷語，所以主任都很貼心的為我另外選購英文書籍，第一年我得到的書籍是《The penguin book of Dutch short stories》。老闆送書給我的時候，特別強調這本書很適合了解荷蘭文化。這本選集有二十、二十一世紀，三十六篇不同作者創作，從荷語翻譯成英語的短篇小說文章，透過不同角度，這本書希望用荷蘭作者的文字，將荷蘭文化的蘊涵介紹給其他國家。對於荷蘭文化有興趣的朋友，也許會從閱讀此書中找到不同的觀點和樂趣。

四季荷蘭有什麼？

各式節慶體驗

聖誕節

進入時節十二月，慶祝完聖尼可拉斯節，超市架上的節慶傳統點心，一種有肉桂味的圓形小薑餅（Kruidnoten），一夕之間會全部清空。更多烤肉品項和包裝比較精緻的蛋糕陸續出現，聖誕樹開賣，嗯，準備要慶祝聖誕節，一年快要結束，也可以準備迎接新年了。

荷蘭人也是慶祝聖誕節的，十二月二十五日和二十六日是國定假日，這兩天是傳統上和家人相聚，共享晚餐的日子。不少工作者的習慣會在聖誕節前後請假，十二月二十六日後，冬季小旅行去附近國家滑雪，直到新年後才會回到辦公室。荷蘭版的聖誕節，不一定下雪，商業感比較不強，整體安靜低調，但即使如此，也是節慶感十足。

首先，到了十二月，商家會推出各種**聖誕倒數降臨曆**，內有茶、乳液，各種樣式都有，每天可以從日曆中戳出一個小物，慢慢培養聖誕氣氛。荷蘭各地會有自己的聖誕市集，比較受推崇的就屬馬斯垂克的洞穴聖誕市集，它同時也是歐洲最大、最古老的洞穴聖誕市集。當然，很多人也會到鄰近國家德國或比利時更大的聖誕市集逛逛。當太陽下山，聖誕市集的燈飾亮起，喝杯加了香料的熱紅酒，真的是很有氣氛。

至於我，一定會買的則是樂透日曆，一樣也是每天刮一格，試試手氣，很有趣，讓人期待，不過買好幾年了，至今還沒中到大獎就是了。

天氣冷，最適合吃各種高熱量的食物。**聖誕節前後，荷蘭人會吃杏仁膏麵包**，超市和麵包店都有賣，以葡萄乾麵包做主體，添加了堅果，中間包上杏仁膏，外圍再撒上白色的糖粉，非常甜。甚至，歐洲聖誕新年傳統之一，是送給家人、朋友一隻用杏仁膏做的動物。荷蘭有些超市在十一月中旬會開賣杏仁膏豬，每次看到都會讓人想到拜天公用的三牲。

在聖誕飲食上，除了傳統的肉捲之外，**現在荷蘭人也喜歡桌上型烤肉（Gourmetten）**，這個字其實是動詞，描述聚在一起享用這種特定食物（通常是烤肉）的活動。桌上型烤肉有專用器具，用電熱迷你燒烤盤一小盤一小盤的烤，超市裡有各種已經準備好適合尺寸的小型烤物，烤肉丸肉串、鮭魚塊、蔬菜，比較特別的是也烤起司，搭配著麵包沾醬等一起吃。

家人團聚，慢慢地邊烤邊吃邊聊天，很像圍爐的概念，非常愜意 Gezellig。

新年好，跨年夜煙火

聖誕節後，摩拳擦掌，準備開始新的一年。**荷蘭新年有三好（ㄏㄠˋ）：油球（Oliebollen）、煙火、泡冷水。**

十二月開始，各地的炸油球攤位會陸續出現，這種炸油球很像台灣的炸雙胞胎，也有人說是荷蘭版的多拿滋。圓圓的麵糰，炸得膨脹，外面灑上糖粉。同個攤位還能買到炸蘋果包和炸甜甜圈，冬天吃一個，絕對熱量滿滿。

想品嘗炸油球也得手腳快，這算是新年食物，各地的攤位，最慢一月底就會消失的無影無蹤。據說這是以前的人出遠門時吃的傳統食物；也有一說，以前的人認為年末這天，邪靈會出來，祂會用劍劈砍在路上遇到的人。如果有吃油球，那身體就會滑滑的，當劍劈下來時就會滑開，所以人們也吃油球保平安。

晚上六點過後，整晚的煙火會拉開序幕。荷蘭跨年夜傳統是放煙火，大概是因為限放煙火的傳聞一直有，這幾年大家難免把握機會卯起來放，年年煙火銷售額都破紀錄，二〇一九跨年夜煙火銷售高達七千七百萬歐元，大約二十六億新台幣，真是嚇人的多！

我們通常不自己放煙火，晚餐後，把客廳的燈關掉，就觀賞戶外的鄰居煙火，雖然不如特別施放的煙火盛大，但全家守在一起，搭配孩子歡喜的驚呼，覺得是很平靜踏實的幸福。在碰碰的煙火聲中入睡，則有過年鞭炮聲的親切感。只是家有孩子，她難免會被煙火聲嚇醒，大人得陪睡，媽媽在身邊，就算煙火聲碰碰，小孩也不怕，偶爾孩子眼睛睜開，摸摸媽媽的臉，抱抱媽媽，就會安心睡去。

通常一月一日早上，小鎮都會特別安靜，感覺大家還在因為昨日的狂歡歇息。有些人在休息，但有些人則是清早就去海邊，準備挑戰元旦冬泳的傳統，許多人會先穿好泳衣，到了海邊才依序脫下保暖衣物，然後直接跳入大海或湖，打著哆嗦，尖叫著慶祝新年的到來。荷蘭這時也是很冷的，要能冬泳或者圍觀別人冬泳，都需要特別的意志力。新年第一天冷得半死，就靠意志力早起，應該算是好的開始吧。

春天的鬱金香花開

荷蘭冬天濕冷，大概九月中旬開始，就明確感覺陽光少見。悶了好幾個月，大家都滿心期盼春天的到來。每年一月的第三個星期六是「National Tulip Day」，通常這時明顯感覺日照漸長，天氣也漸好，人們雖然還是穿著厚外套，但已經迫不及待想出門走走。

每年鬱金香節的活動，會在阿姆斯特丹荷蘭皇宮前的廣場舉行，當天會搭建臨時花園，免費發送二十萬株鬱金香，年年都吸引大批民眾排隊來領鬱金香，看看大家滿手花卉喜悅的樣子，確實會感覺春天的腳步近了。

接著三月底，庫肯霍夫花園（Keukenhof）會開園，除了花園本身，附近的花田也是一片花海。開園雖然不是正式節日，但卻是重要的日子。這日的前後，來荷蘭的遊客會開始增加，各地生意都忙起來。庫肯霍夫花園除了外面栽種的花卉，還有室內展場，通常會有蝴蝶蘭、鬱金香，和以不同花卉為布置主題。

實際參觀花園，真的是眼花撩亂，專業的相機一堆，還有人帶補光的設備。我們雖然只是智慧型手機，但也輸人不輸陣的拚命按快門，真是太美麗，怎麼拍怎麼好看！各展場還會邀請現場觀眾投票評審花朵，原來評比鬱金香時，連莖與葉子的姿態都很講究，要夠長、夠直、夠密，但又不能太密。花朵要有足夠的大小，但是彼此之間的間距要適中，很有意思。

四月的國王節

四月的國王節，每年都帶來一片橘子色的海。荷蘭的代表色就是橘色，國家足球隊被暱稱為橘色軍團。這是因為荷蘭皇室的姓氏是Oranje（Orange），荷蘭文的橘色，所以橘色也就順理成章變成荷蘭的代表色。而早期代表荷蘭的旗幟一度是橘、藍、白，但後來發現，橘子色不好染色，且在陽光下會變紅，所以最後乾脆統一變成紅藍白。

吃著像個荷蘭人

來個最接地氣的吃法

簡樸的荷蘭飲食風格

有人說荷蘭是美食沙漠，我是覺得還好，願意花錢的話，也有各種好吃的餐廳。現代荷蘭雖然不以精緻飲食聞名，但別忘了這個國家曾經是大航海時代的霸主，當時擁有資產者不少，美食也絕對豐富。只是隨著人口增長，二次世界大戰等歷史演進，才慢慢發展出相對簡樸的飲食習慣。

今日，講到荷蘭日常或者傳統食物，大概都難以跳脫跟馬鈴薯的關聯性。最具特色的大概是荷蘭人冬天必吃的**傳統家常燉菜**「**stamppot**」，以馬鈴薯泥和蔬菜混合煮成的薯泥當基底，再加上醃肉腸或肉汁醬。

炸薯條也是盛行的馬鈴薯食物，荷蘭薯條通常都用固定的品種「Bintje」馬鈴薯，現切現炸，和大家熟知的麥當勞薯條相比，口感更為鬆軟，我很喜歡，但習慣美式薯條的伴侶不愛。這種馬鈴薯是荷蘭在地培育的，據說味道濃厚、質地紮實、大小適中，很適合切條狀油炸。現炸薯條沾上荷蘭人喜歡的沾醬美奶滋、松露美奶滋或沙嗲醬食用，確實好吃，但熱量高，也只能久久吃一次。

另一種小食：**炸薯餅**（**Kroket**），又稱荷蘭式可麗餅，也是馬鈴薯底，去酒吧喝一杯，這種小圓球是必點的下酒小菜；生日派對，主人家也都幾乎會端出這個來招待，超市就有各種口味可以選購。荷蘭人有多喜歡炸薯餅呢？喜歡到為它發展出街頭的點心自動販賣機（snack automaa），在車站內常常可以看到。在販賣機中，荷式可樂餅被做成比較好拿取的長條狀，也是各種口味都有，任君選擇。

荷蘭的湯品也很有趣，有種**芥末湯**（**mosterdsoep**），以黃芥末調味，搭配一點培根和大蔥，是超級簡單但好喝的湯品。另一種**豌豆濃湯**，吃起來像燉菜，有些人也會添加香腸和蔬菜，是非常濃稠的湯。豌豆湯的評價相當兩極，有的人覺得口味厚重濃郁，不喜歡的朋友說，喝起來很像在鐘泥巴。

荷蘭人一天通常只有晚餐是熱食，午餐則多半是冷食，最常吃的午餐就是土司或蘇打餅，配上不同抹醬或起司，頂多再來點水果。很多人的午餐常常就是六～八片吐司為基礎。我有一個同事，在自己的辦公桌上放了一株羅勒，中午他會拔幾片羅勒，夾到自己的吐司裡增添風味。

中午吃吐司的時候，很多荷蘭人也會配牛奶。在美國，牛奶是給小孩的，但是在荷蘭，即使是成人也都喜歡吃正餐配牛奶。荷蘭有種**酸奶（karnemelk）**，味道很特別，喜歡的人喜歡，不喜歡的人覺得就像是壞掉的牛奶，在年長者中比較風行，我先生買錯過一次，連超愛吃優格的他都非常受不了。我後來才知道這個類似美國烘焙用的「butter milk」，偶爾會買來做南方口味的比斯吉。

奶製品也被做成荷蘭特有的點心「**Vla**」，是常見的家庭飯後甜點，嚐起來的口感像是更稀釋的卡士達醬。其實傳統的「Vla」就是將煮熟的牛奶混合卡士達醬，盒裝口味選擇也很多，香草、巧克力、香蕉、草莓口味等。荷蘭果然是乳製品大國，各種乳製品多元化又價格實惠。

來點甘草糖與生鯡魚

除了正餐，荷蘭人宇宙無敵喜愛的是**八角味的甘草糖**，對荷蘭人來說，這是從小吃到大的糖果，據說吃久了會愈吃愈回甘，甘草八角酒也是很有名。海牙有間知名的釀酒廠「Van Kleef」的老闆，主張生鯡魚與甘草八角酒，是融入荷蘭社會的必要功課！但對亞洲人來說這甘草糖，感覺像是不小心咬到滷肉裡的香料，很多外國人也都是試過一次就投降了。

來到荷蘭除了炸魚必吃，另一個推薦就是**生鯡魚（haring）**。生鯡魚對於其他外國人來說可能是挑戰，但可難不倒我這個島國女子。鯡魚一年四季都有，大部分都是在魚最為肥美的六月捕撈。生鯡魚上岸後，除了馬上大快朵頤，也會立即浸泡於鹽水中，並急速冷凍，這樣一年都有魚吃。生鯡魚也被美食作家韓良憶形容為最接地氣的荷蘭海味。

在攤位上，生鯡魚的內臟和骨頭被完整去除乾淨，留下尾巴，可以夾麵包，或者切成小塊品嘗。最傳統豪邁的吃法，就是抓著魚尾，張開大口，讓魚從天而降，搭配生洋蔥和醃黃瓜。攤位上這樣做的，很多都是中年男士，我好幾次這樣豪邁吃魚時，旁邊的阿伯都對我讚譽有佳！

荷蘭人的甜點

荷蘭人的甜點也很多，這些烘焙甜點是早年農家休息時的點心，所以打飽扎實，都不在話下。現代人活動量沒有那麼高，可不能天天都跟著荷蘭老奶奶的食譜吃，那可是會胖起來的！

最出名之一當然就是**蘋果派**，蘋果派不同國家都有，但荷蘭的版本樸素而扎實，派皮有厚度，也吃得到一片片的蘋果口感。每個城市都有自己宣稱最好吃的蘋果派，阿姆斯特丹的「Winkel 43」蘋果派店，就是最出名的旅遊朝聖地。海牙的「Dudok」，據說除了派好吃，也非常有機會遇到政治人物。台夫特最有名的蘋果派則是「Kobus Kuch」，除了蘋果，內餡還添加堅果和酒漬葡萄。天氣好的週末下午，「Kobus Kuch」室內室外都一位難求。

吃派的時候，建議附上一坨鮮奶油，這個鮮奶油通常要加約一歐，在荷蘭可沒有免費鮮奶油這回事。雖然熱量會因此更爆表，但真的強烈建議，因為它不僅增添派皮濕潤度，也平衡口感。而除了以咖啡搭配派，另一個很適合搭配派的就是新鮮薄荷茶，幾株新鮮薄荷直接沖熱水。

荷蘭鬆餅也很有名，很多人或許會想吃吃看這種由小鑄鐵鍋盛上來，熱呼呼上桌，蓬蓬的荷蘭鬆餅「Dutch Baby Pancake」。不過呢，這可是誤會大了！這種荷蘭鬆餅其實跟荷蘭毫無關係，網路上的說法，這是美國西雅圖某間地區早餐店所創，也有人說它是波士頓商人發明的一種點心。簡單的說，在荷蘭是找不到這種食物。

真正的荷蘭鬆餅「poffertjes」，是用類似像章魚燒的機器做的，小小一個，一份好幾個，反而有點像雞蛋糕。出爐後，上面再撒上白白的糖粉，最好是要趁熱吃，放涼了口感有點油。

焦糖煎餅「Stroopwafel」是荷蘭最廣為人知的甜點，也曾經在台灣刮起旋風。據說起源也是因為荷蘭人節儉的民族性，麵包師傅充分利用剩下的麵粉、糖、蛋、奶製作出這道可口的小點，兩面薄餅中夾著美味的焦糖。超市買到的荷蘭煎餅是硬的，有脆脆的口感，單吃可以，但最傳統的吃法是，把荷蘭煎餅蓋在還冒著熱氣的咖啡或茶，讓蒸氣融化餅乾中的焦糖，咖啡和茶，剛好平衡煎餅的甜味。

荷蘭皇家航空公司（KLM）在飛行航班有提供這項點心，一度據說要取消，還引起大家的抗議，最後公關部門出面保證，將繼續提供這項美味小點，可見非常受到喜愛。

如果人在荷蘭，絕對不能錯過的還是市集裡當場製作的荷蘭煎餅，市集裡販售的餅，大概是一般煎餅的四～六倍大，熱呼呼的煎餅，一口咬下，焦糖醬還要小心不要流出來，獨享可能太多，兩人分享則甜蜜的剛好。

各國變形食物

在荷蘭超市，除了因為殖民歷史，有著豐富的東南亞口味的調味品，也兼容並蓄的容納各種其他國家的口味。例如壽司就是很受歡迎的食物，在所謂的車站超市，有各種平價的壽司午餐盒，提供來往的旅客和通勤者作為餐點。在比較大間的荷蘭超市，甚至還有專門的現做壽司吧。

墨西哥口味的調味品也是滿滿一整櫃，不過和美式墨西哥口味相比，顯得比較溫和，吃起來不夠過癮。很有趣的是，雖然美式口味的墨西哥食物在這裡並不盛行，但或許因為中南美洲移民不少，荷蘭超市卻有專門進口一個墨西哥大品牌的調味品。

搬來荷蘭後，日常，我們多半是自己開伙，口味上比較適合，荷蘭又是農產大國，生鮮食材都很經濟實惠。前文提到，荷蘭超市不論是印尼或者泰式料理醬汁都算非常齊全，只是如果是本地品牌，往往辣度調降很多。我先生最想念美式墨西哥菜，除了運用超市墨西哥口味的調味粉，我們也從美國帶來「Taco」粉和

「Enchiladas」的醬汁。有時候晚餐，炒個雞肉、洋蔥、甜椒，用香菜調味，加上酸奶、酪梨和起司，用餅包一包，好吃的墨西哥捲餅就搞定啦。

另一種變形食物是中東「shoarma」口味的披薩，超市就可以買到，義式麵餅上放點起司番茄醬，一點點中東口味的雞肉，然後進烤箱前再淋上美乃滋。中東口味在這邊也有自己的一席之地，除了路上就有各種點心吧，超市也會主打中東口味醃漬的調味雞肉。

話說，鳳梨口味的夏威夷披薩據說是會讓義大利人抓狂的，每次看到這種討論我都在想，不知道義大利人對於中東「shoarma」口味的披薩評價如何？

在荷蘭看醫師

先燒三天或拉五天

在台灣，從小就是看西醫長大的，以前覺得到了歐美國家，除了得把醫療名詞換成在地語言，其他應該不會有大問題吧。然而實際體驗，發現各地醫療制度和習慣有非常大的差異。仔細想想，一般人包含我自己，對於日常生活裡的醫療決定，更多的時候，是跟著習慣和前人的經驗做出決定的。醫療的概念除了需求，也反映不同地區的社會文化價值觀。

荷蘭的醫療保健制度，長年都是歐洲評比的前幾名，但對於很多外國人來說，在荷蘭看病可是得經過重重關卡。怎麼說呢，實際經驗真的是有好有壞！

荷蘭的轉診制度很明確，除非特殊醫療疾病需求已經登錄有案，不然不論什麼症狀，一律從社區診所家醫看起，病人不能直接往醫院衝。有不舒服第一件事情是打電話去家醫，在電話裡，接聽電話的醫護人員，會先簡單問診，然後根據狀況來幫忙安排看診。

有時候醫護詢問後，如果是發燒或拉肚子，只要睡眠、活動力和飲食還算正常，甚至會直接建議暫時不用來看診，除非持續或急速惡化再說。一般而言，櫃台會建議病人自己先燒上兩三天，拉肚子的話則是建議拉上五天，再來掛診。就算病人堅持要看診，多半也會安排到好幾天之後。唯一例外應該是年幼的孩子，如果家長堅持，通常當天就可看診。

到了診間，家醫問診的基本單位是十分鐘，多半進行簡單問診、觸診、聽診。外國人間最常抱怨的一件事情就是，不論什麼症狀，**荷蘭家醫最常給的一句建議，就是服用藥局就可以買到的非處方簽百服寧「泰勒諾」這類的止痛藥**。有人還開玩笑說，在荷蘭，沒有什麼病是泰勒諾治療不了的，如果一顆不行，就吃兩顆。有時，某些病人電話中描述得比較慘烈，順利掛到號，但家醫一看是那種建議要燒三天或拉五天的，一般也不會開藥，多數就會請你回家，改天再來。

不可否認，轉診制度確實能保障了有醫療需求的人，也降低整體醫療的負擔，但或許是這種醫療常態，家醫要面對的病症種類太多，有時也會輕忽某些症狀。而看專科醫師，必須是家醫認為有需要，或治療一段時間仍然不見好轉，才會轉診。在所謂家醫治療的期間，難免也有病症發展的比較快，病況急轉直下的情形。

在荷蘭，除了急診，其他白天看診。要帶小孩看醫師，有工作的父母就得想辦法協調工作。雖然請假不一定困難，但每次都得調整工作，也是夠麻煩的。朋友的孩子，全時制托嬰，有某個禮拜反覆發燒，她或先生得常常提早從公司離開去接小孩，看了好幾次家醫，才終於檢查出是中耳炎，得服用抗生素。他們覺得很生氣，因為前期家醫就一直認為是這對爸媽大驚小怪，不要天天來看，一度還想請他們燒三天再來。

另外也有朋友，小孩不太舒服，想掛家醫卻一直被櫃台要求再觀察看看，直到最後送急診時，急診的小兒科醫師才對她說，這早就該看醫師了，怎麼拖到這個時候才來，導致她非常自責。

我自己則是曾經因為左胸感覺怪怪的而找家醫檢查了兩次，前後大約一個月。兩次家醫都是提供觸診和視診，皆無明確異狀。但第二次檢查時，家醫表示既然確實覺得不舒服，為求慎重也為了讓我心安，他認為應該要轉診到大醫院進行胸部攝影。很快就開了轉診單，我也順利檢查，結果平安無事。所以醫療經驗的差異還是滿大的，而且醫療問題，各地都可能發生，也要看遇到什麼樣的醫師。

在荷蘭看診，一定要先想好怎麼描述自己的症狀，愈精準愈好。不要廣泛的說頭痛、流鼻水，最好還可以告訴醫師什麼時候開始痛，痛了多久，有沒有轉移，有沒有怎麼會比較痛。然後，醫師可能會建議相關的檢測，病人也可以提出建議。不過這裡的醫師，恐怕對於病人一見面就指定要求什麼檢測，會相對的沒有耐心，這之間的分寸要拿捏好。

荷蘭的自然醫療觀

荷蘭的醫療觀，最簡化的說法就是崇尚自然，認為多數的輕症疾病，即使得到了，身體也會自然抵抗痊癒。同時也不那麼強調預防性，例如施打流感疫苗在荷蘭並不普遍。有位美國朋友，移居荷蘭的第一年，就體驗了兩地「預防性醫療」概念的差異。

冬天到了，他想說按照美國的標準操作程序，就是去打疫苗。這位老兄開始詢問荷蘭同事，哪裡可以施打流感疫苗，問了幾位都說不知道，甚至有人神情還怪怪的。終於，有位荷蘭同事直接問他：「是有哪裡『特別』不舒服嗎？」原來，在荷蘭，一般只有老人和特別體弱者才會施打免費流感疫苗，其他人是不太會自費接種疫苗的。這位美國朋友外表勇建，卻想要施打疫苗，荷蘭同事難免狐疑他是否有隱疾。

荷蘭也不施打水痘疫苗，每個孩子大約在二～三歲間就會被自然傳染而發水痘，於是春夏時期，好多小孩子的臉上就一點一點的，個個都很像行走的草間彌生。而水痘止癢，也不建議擦藥膏，會建議用老奶奶的祕方——**燕麥泡澡**，一切都天生天養很天然。

在不同國家，年長者到了一定年紀，通常會提供基本的健康常規檢查，如果檢查發現有特殊狀況，就會加以追蹤檢查，荷蘭這裡也是沒有的。此外，這裡的藥局，也不販售針對感冒的特殊用藥。在這樣概念下，荷蘭人也覺得「懷孕不是生病」，一切順其自然，醫療介入愈低愈好。除非特殊原因，否則不能選擇剖腹產，更遑論挑日子或時辰。即使前胎剖腹，只要這胎發展無礙，醫院都還是以自然產為優先安排。即使剖腹產的日子都安排好了，只要胎兒在最後一刻轉正，馬上就會改回自然產，一切都以最適切、符合自然的作法出發。

當然在荷蘭，如果真的生病或有需要，是可以得到相當不錯的治療，且費用相對負擔得起。我的小孩曾經因為食物過敏，得馬上衝急診室，還因為年幼為了慎重起見而留院一天，在美國這絕對會是一筆不小的帳單，但在荷蘭，自付額是零。整體來說，多數的外籍人士對於這裡的醫療還是有肯定的地方。

分享對醫療經驗的觀察，並不在於探討哪種方式最好、最對，畢竟所謂的海外經驗，都可以從不同角度解讀，一件事甚至可能因切入點不同，而獲得完全相反的結論：我們可以說荷蘭用藥謹慎，所以少給藥；但也可以反過來說，台灣醫師謹慎對待病毒，所以給藥治療。在海外，體驗觀察比較日常裡最微小的細節，都是對社會文化的認識與學習。

荷蘭特別的朋友

快樂的生活經驗

社區裡的特殊朋友

去美國唸教育研究之前，我大學主修特殊教育學系，也在台灣擔任過特教老師。來到荷蘭之後，雖然不是從事這方面的工作，但遇到相關新聞還是會特別留意。簡要的說，荷蘭雖然不算是在身心障礙領域走得最領先的國家之一，但它的身心障礙保障還是有值得參考之處。

荷蘭採融合教育，就是鼓勵有障礙和沒障礙的小朋友一起在普通學校就讀，但由於特殊需求不同，也有設置專門的特教學校，讓需要比較多特教服務的學生就讀。但除了教育層面，我最感到差異的明顯感受，是在社區裡可以看到比較多成年的身心障礙朋友，轉角處也常常有不同服務內容的安養或日間托育機構。在荷蘭，身心障礙的朋友有什麼樣的形式參與社區呢？

創意與美感兼具的庇護工場小店

荷蘭的庇護工場小店「Zinderin」，我們鎮上有一間，位在人來人往熱鬧的商店街。隔壁是好吃的比利時巧克力，再走幾步路，就會來到小鎮最有歷史，一七九六年開張的麵包店。

「Zinderin」是荷蘭身心障礙支持團體「Middin」的一員，它的理念是支持障礙者的社會參與，同時也強調創意不受限於心智障礙，提供專業的視覺美感創意課程，來幫助障礙者展現他們的創意。而這些兼具實用與創意的作品，完成後會擺放在商店裡展示，希望有機會賣出。

台夫特的「Zinderin」商店，後半部是庇護工廠，前半部就是商店。所謂的庇護工廠，是指經過設計提供精神或身體殘疾的成年人支持性就業的地方。身心障礙者雖然有就業意願，但有些因就業能力不足，無法在就業市場競爭，在庇護工場裡有協助人員和相對比較低的工作壓力，他們就可以在這邊接受支持性就業，也能經由商店販售的營利得到薪水，不僅可以提升自我價值，同時也能視工作為治療的過程。

商店中除了展示創作商品，配合四季會有各種具備節慶氣氛的小物可以選購，小物就是來自後方的庇護工場。冬天的時候，會有蠟燭或者羊毛氈的桌墊；秋天的時候，會有木製的小動物擺飾，小松鼠或刺蝟，春夏就換上五彩繽紛的蝴蝶吊飾或花園裝飾。

移居小鎮不久就發現了這間小店，因為所學背景，當時覺得這有特殊的象徵意義。我為移居的自己挑選了第一個入厝的禮物，就是印製有唐氏症畫家畫的三個國家重要地標，紐約、法國、倫敦的小點心盤，圖案很可愛，點心盤常常出現在我家餐桌上。如果能夠在各種分享禮物與心意的時刻，購買庇護商店的產品，相信這樣的祝福是加倍的。

因為妳快樂，所以我快樂

與「Happy Tosti」店家的相遇，則是個典型在地人與觀光客差異觀點的有趣故事。

「Happy Tosti」是連鎖店，很多地方都有。我們鎮上這間就開在廣場的轉角處，我經過很多次，有注意到是間可愛的小店。然而自己的消費理念是在有選擇的狀況下，盡量支持在地店家。在地店家通常聘請在地員工，經營利潤比較多會回饋在地。所以知道，但並沒有馬上去光顧。

有一年，剛好朋友來訪，他說台灣有部落客很推薦「Happy Tosti」，形容它是很好拍照的文青小店。好拍照，嗯，那就決定招待朋友去那裡。不誇張，店裡是真的很好拍照，很繽紛不說，還有製作成鞦韆的椅子。早上十一點半之前提供的早餐組合，一份才六歐，這可算是荷蘭的佛心價。組合有咖啡、現打柳橙汁、優格和半份烤土司，份量剛好。烤得酥脆的土司，也沒有辜負店名。

我很快就注意到服務人員，他有靦腆的笑容，可以看出非常盡責，也很友善，

這間機構的朋友，在白天常常會穿上反光背心，拿著長夾，在社區清理環境。住家附近是大學城，學生來來往往，可能比較不注意，有時確實有不少地面垃圾，包括啤酒罐和土司的外包裝，有沒有清理非常明顯。經詢問，這是機構朋友社區參與的友善回饋，他們是義工性質在打掃環境。部分機構朋友，也會在機構的協助安排下到鄰近的農場，幫忙照顧動物，讓他們的生活更有變化。

在台灣，也許有些人對於身心障礙的朋友不了解，可能會對在社區內設置相關機構，感到有疑慮，但是在荷蘭，我自己實際和這些特殊朋友共存，不僅沒有感覺到不便，甚至還意外受到他們的幫助，環境更顯清爽整潔。

一個國家的進步，其實不僅是反映在國力的強盛，或者是經濟成長力。真正進步的社會，是能夠接納包容弱勢者，並且給予積極性的協助，讓身心障礙的朋友在社區中也能夠自在的生活，相信這才是真正的融合和進步。

住在船屋上的朋友

居住在運河上的船屋則是另一種荷蘭特色，早年船屋是貧窮人與藝術家聚集之地，現在則成為雅痞的時尚風潮。根據報導，阿姆斯特丹的船屋愈來愈貴，新一批的船屋主人富裕且有品味，並對於新設計、舒適感和永續性都很感興趣。

我透過工作認識一位住在偏北方的荷蘭朋友英格，是知名的教育顧問，她的先生從事ＩＴ產業，二〇一二年她和先生與四隻貓開始居住在船屋，至今已有八年水上人家的經驗。

英格的船屋是艘有歷史的貨船，一九二七年建造，過去用於運送甜菜和水泥。船身經過多次改裝，生活空間非常足夠，而且很重要的是這艘船還能真正航行。擁有一艘船意味著擁有很多新的愛好，英格的丈夫通過了考試，可以駕駛這艘船，他對船上的引擎、能源和無線網絡都非常了解；英格則學習如何更快更好地繫上船上的繩索、清潔、打磨和油漆外部。

當船屋在城鎮使用電力時，就像一般房屋。航行時，則使用太陽能電池板。船屋上安裝了非常好的濾水系統，可以清洗、供應所有用途的水，甚至提供飲用水，算是自給自足。而且，船屋裝有房子該有的現代化設備：洗衣機、滾筒式烘乾機、洗碗機都有。英格知道我一直很想要浴缸，卻沒有浴缸，她還忍不住炫耀說，她連浴缸都有，真是讓人忌妒！

荷蘭因為有很多水，湖泊、河流和運河，所以有不少的停泊點，在荷蘭北部不少地方都可以免費停泊三天。所以三天是英格以船旅行的基本節奏，透過以船為移動工具，搭配自行車和動力小船，英格夫妻享受北部的湖泊，尤其是日出、寂靜、鳥類和自由的感覺。

在炎熱的夏天，也可以跳入海中游泳。在冬天，船屋會被停泊在城裡，有固定的地址，用綁在岸邊樹上的郵箱來接收郵件。其他時間，則使用親友的住址。英格的四隻貓也很喜歡旅行，牠們會自由探索戶外，並從舷窗鑽回船裡面。英格說，她們家的貓咪很貪吃的，每天要吃兩次，所以總是會自己回來。

我忍不住要問，住在船屋這種經歷帶來了什麼不一樣的想法。英格想了想後說：「住在船屋不是她一生的夢想，但卻是個改變一生的決定。」她分享了她獨特的體悟：

- 如果其他人可以做到，你也可以。只要願意學習如何做，就像英格，她從沒想過自己可以是繫船繩的高手。
- 並不是所有流浪的人都迷路了。
- 不要害怕做出選擇，新的狀態會創造機會，帶來新的嗜好。
- 生活在船上，生活在水上帶來快樂，新的友誼、自由和平衡。平衡也是和諧，附帶一提，英格的船就叫做和諧號（Harmonie）。

英格分享船屋經驗的同時，我正從公寓搬到有庭院的屋子，這是人生第一次擁有庭院。雖然跨出去的這一步方向和她不同，但因為正身處於新環境中，加上自己一直在不同國家搬遷，所以對於英格的分享特別有感。

確實，每次的重新開始，都會帶來新的挑戰和機會。剛出國時，在某篇刊登文章，我曾經以沿海漂流做為對自己當時生命的隱喻，如今想來，雖然還是漂流，但現今的我，更知道自己來自何方，要往哪裡去，而在這段旅程中，我樂於探索。就像英格說的，不是所有流浪的人都迷路了。

台夫特風光

文青又科技的城鎮

我們居住的這個荷蘭城鎮——台夫特，位於海牙和鹿特丹中間，各約二十分鐘火車車程，距離阿姆斯特丹也不算太遠，火車直達大約四十五分鐘就到了。知名的台夫特理工大學就在這裡，而且也是非常有傳統的歷史小鎮。

荷蘭語「Delft」的動詞「delven」原意是挖掘，台夫特「Delft」之名正式起源於一條稱為「Oude Delft」的人工水道。這個聚落城鎮發展的很早，**最早期是荷蘭東印度六個據點之**一，運河直通到鹿特丹的大港。根據史料，從亞洲運回來的物品，香料、台灣的鹿皮和茶葉等，會沿著運河一路來到這裡的商會。

至今在城區的邊緣，當年商會的建築物還在，只是被改成私人工作室，運河邊還可以看到船隻卸貨的專用窗口。我第一次看到商會所在地時，心情很激動，幾百年耶，居然有緣分能站在當年台灣鹿皮被喊價拍賣的廣場。

也因為通商盛行，當年的中國瓷器引進荷蘭，富人間開始收藏，在台夫特也發展出「**台夫特藍**」這樣的藝術品，最早是模仿東方的青花瓷，慢慢才走出自己的風格。其中，最有名的當然是皇家台夫特藍。這間公司建立於十七世紀，當年共有三十二間類似的藝術品工廠，只有它還算屹立不搖直到今日，一九一九年獲得荷蘭皇室授權冠名。從一八七九年，就利用字母縮寫組合，在瓷器底部做為特殊的編年記號，例如A等於一八七九年，EP等於二〇二〇年。透過這套系統，可以追溯瓷器的製作年代，不僅使舊品成為適合收藏的新式骨董，新品也深具保存和紀念價值。

二〇一八年時，正逢皇家台夫特藍創立三百六十五週年，博物館規劃大型創作，以三百六十五塊台夫特藍的磁磚，邀請眾人共同繪製世界地圖。我知道消息後，報名參加。世界地圖上，畫師只有先概略的描出五大洲。我發現沒有台灣，趕快找出相對應的磁磚補上地名和畫上島嶼，會後還畫出玉山，標記出三九五二公尺。有機會到皇家台夫特藍博物館參觀的朋友，就可以看到這件作品。

早年有些台夫特工匠也出來自創品牌，目前鎮上還有其他不同的牌子。來訪的朋友可以考慮參觀設在鎮外皇家台夫特藍的工廠，不然就在鎮中心逛逛藝品店，運氣好，還可以看到畫師駐店手繪瓷器。各種台夫特藍手繪品和工廠打模製造的產品價差甚大，工廠品可作為旅行紀念，如果有機會收藏具年代感或有紀念的手繪品會更具有意義。

台夫特也是俗稱荷蘭國父沉默者威廉的安息之地。在荷蘭爭取從西班牙獨立的過程中，因為台夫特當時有城牆，被認為有較好的防禦功能，威廉自一五七二年就開始居留在這裡，台夫特一度也成為荷蘭最重要的基地和實質首都。在逃過幾次不成功的懸賞行刺後，威廉於一五八四年被刺死，他當時的居住地，現在改建為「**王子博物館**」，裡面常設展覽介紹這段建國歷史，也收藏有十七世紀的藝術品，最頂層有大件完整的台夫特藍瓷器展示。

而館內樓梯旁的彈孔，則相傳是當時威廉遭刺殺時子彈所留下的痕跡。威廉遭刺殺時，因為當時的家族陵墓還在西班牙的掌控下，於是他就近安葬在台夫特新教堂的地窖，自他以後的多數皇室成員也都埋葬在這裡。

不過本鎮最有名的鎮民代表當屬畫家**維梅爾**，他的作品不多，現今能確定是他畫的，只有四十幅，而且都是小件，但當中知名畫作很多，被人熟知的有「戴珍珠耳環的少女」、「倒牛奶的女僕」、「小街」、「台夫特一景」。

小街和台夫特一景都是畫本小鎮。小街呈現的是台夫特的寧靜安詳，尋常人家的日常。關於哪裡才是小街，眾說紛紜，根據考證，好像至少有三個可能地點，各有專家支持。不過外圍往台夫特大學的路上，有立牌標示，維梅爾一六六一年創作台夫特一景時的取景位置。這幅繪畫據說是幅結合著畫家個人生平的城市風景畫，也是觀畫者最能貼近他本人的管道，今昔對比，站在同一個點的感覺相當微妙。當然，鎮中心也有他過往生活的足跡，包括居住的房子和短居過岳母的家，就在廣場附近。而他本人則葬在舊教堂。

台夫特不可錯過的知名地標

抵達台夫特最方便的方式是搭火車，到站後，別急著出站，先好好端看一下這個於二〇一五年開幕通車的**台夫特新車站**。建築物本身為多用途，包含市政廳、辦公室與火車站，建築設計師透過精巧設計，呈現台夫特的歷史性和台夫特理工大學象徵的科技感，融合成為新的文化地標。設計者之一的「Mecanoo」事務所，也是高雄衛武營藝術中心的設計者，「Mecanoo」在火車站大廳天花板中隱藏著巨大的台夫特地圖，作為設計的焦點。

台大特有**新教堂**，也有**舊教堂**。新舊是相對的概念，事實上兩座教堂都很有歷史感。舊教堂建於十三世紀，隨著年代，逐漸傾斜，據說已經比垂直面歪了兩公尺，傾斜的塔正是舊教堂的特色。也因為這樣，新教堂於十四世紀左右開始興建，換言之也有六百多年歷史了。兩個教堂外觀各有不同建築特色，有興趣的朋友可以好好研究。

新舊教堂可以買套票進去參觀，新教堂進去就可以看到威廉一世的紀念雕像。也可以選擇攀爬新教堂三百七十六階的階梯，來挑戰這個號稱荷蘭第二高，約一百零八公尺的鐘樓。石階很窄，同一個樓梯進出，是名副其實的攀爬。鐘樓的頂層視野很好，非常適合拍照，可說是綜覽台夫特舊城區的最佳地點。天氣晴好的時候，遠眺還能看到海牙和鹿特丹。

台夫特以前有城牆，但現在只剩下**東城門**，和旁邊僅存的一小段矮城牆。這個城門有出現在維梅爾的《台夫特一景》，不過是以相對比較遠的不同角度，如果步行接近東城門，會感覺不太像畫作中的樣貌。目前上方牆面還可以看到射槍孔，除了陸上閘門，護城河上也裝置有吊橋，水橋本身是北歐哥德式的建築形式。城門沿著運河，除了來城門走走，建議花上幾分鐘，坐在運河旁的長椅上，城門旁邊有垂柳和綠樹，靜靜看著這些景色和它在運河上的倒影，會讓人心情平靜。

台夫特氛圍

根據這些介紹，相信你也會同意，來到荷蘭卻錯過台夫特那真是太可惜了！台夫特鎮中心雖然不大，一天就可以逛完。但若要仔細遊覽，往外圍一些，該看的該注意的景點很多，想要好好體驗這裡，建議安排兩天。如果選擇四到十月的週六早晨來訪，先逛逛這裡的**農夫市集與骨董市集**，午餐就吃市集裡的炸魚。接著可以在鎮中心，看看新教堂、舊教堂與東城門，下午時分休息一下，來個好吃的蘋果派，享受歐洲的咖啡時光。

台夫特城區的歷史古蹟也不少，雖然平日並不對外開放，但古蹟外面都掛有告示牌，走走看看時，可以稍微留意，別看舊舊的房子不起眼，好多可都是大有來頭，隱藏的彩蛋驚喜啊！例如，改良顯微鏡，第一位看見微生物的雷文霍克（Anton van Leeuwenhoek）也出生於台夫特，房子外面有告示牌，可以找找看哪間屋子是他的故居唷。

要體驗台夫特本身的氛圍，居住首選當然是鎮上的民宿，晚上隨個人喜好在鎮上用餐。夏夜晚風，吃飽飯，務必要再繞去廣場，看看新舊教堂不一樣的夜晚模樣。很多人稱台夫特為小阿姆斯特丹，因為它有著和阿姆斯特丹比美的運河屋美景，只是這裡又更加寧靜。

而要能感受這種寧靜，星期天早上最為合適。整個路上都沒有人，照片怎麼拍怎麼漂亮。中午可以在「Kek」吃早午餐，別看這間咖啡店不大，它可是上遍各大雜誌，荷蘭文青咖啡店中的當家網紅店之一。另一間值得試試的咖啡店是「Stads-Koffyhuis」，店裡幾款不同的三明治，都曾獲得年度荷蘭最美味三明治的殊榮。「Stads-Koffyhuis」景致也好，坐在它們運河上的座位，剛巧正對著舊教堂呢！

6

台灣人闖江湖：

挑戰荷蘭職場

神啊！請給我一個工作吧

沒有想像中的容易！

來到荷蘭以後，我才開始找工作。很幸運的，雖然自己當時對荷蘭文化不夠了解，也沒有這裡的人脈資源，但大約半年後，聯繫的兩個大學都願意聘任我，最後選擇了最符合自己專業的科系。

真的是很好運，能夠跟伴侶一起跨洲際移動，然後順利找到工作，是很多專業人士的夢想，但這個夢想，有時受限於各種現實，要實踐，也並不如想像中的容易。

不只荷蘭，在海外找工作，除了機運，第一個讓人煩惱的就是簽證。最理想的狀況是，還在找工作的同時，人就已經在當地，這樣會比較好找，有通知就可以衝去面試，也能透過在地的人際網路，尋找到更多的機會。

在荷蘭找工作難嗎？

荷蘭每年大約有八萬多名國際學生來這裡就學，數字逐年增加中。不論國籍，國際學生只要是荷蘭學士或以上畢業，就可以依規定申請找工作的求職年（註1）。

不僅如此，荷蘭屬於歐盟，歐盟國家的公民，也可以來到這裡碰碰運氣。符合依親條件的外籍配偶，或者像我這樣跟隨著有工作伴侶移居的人，也都符合資格，可以在沒有工作的狀態下，先來到荷蘭。算一算，再加上本地人，求職者的數目真是不少呢。

在來荷蘭求學的國際學生中，大約有七成會表示他們希望畢業後可以留在荷蘭。然而根據統計，多數人最後是離開荷蘭的，部分是適應問題，但更常見的原因是找不到工作，特別是文科和商科的學生，很不容易。沒有工作簽證、沒有經濟來源，不少國際學生畢業後很快地就悵然地離開荷蘭。

連這裡就學的國際學生都是如此，可以想見在荷蘭找工作的競爭激烈，要找到合適的工作，更是要有點好運。如果不是已經對荷蘭有一定的了解，找工作的起步就慢了人家一截。

相關機構的調查發現，因為婚配，從海外直接移居荷蘭的外籍人士，不少人教育程度和專業水準雖然都很高，但對這類型的新移民來說，要找到工作是一大挑戰。二〇二〇年的調查發現，跟隨找到荷蘭工作的伴侶移居的配偶，大半都是失業的，而其中大多數是有就業意願，正在積極尋求工作。在少數有工作的人當中，有大約八〇%的人，找工作花了超過三個月的時間，有十五％左右需要一年以上才能找到工作。其中跟隨伴侶移居的女性比例比較高。

移居荷蘭，有意願就業，但不能順利就業最大的挑戰，除了可能影響經濟和生活品質，另一個很大的負面影響，是很多人透過工作建立自我價值，沒有工作會自我認同的低落，也損害心理健康。由於低估了在荷蘭找工作的難度，沒有心理預備的狀況下，意外中斷了個人職涯發展，成為家庭主婦（夫），讓他們很難接受。尤其是沒有工作時，經濟上必須依賴伴侶，更是很多人難以調適的關卡。

在荷蘭找工作的挑戰

整體說來，荷蘭人英語的使用，特別是南荷蘭，非常普遍。在全球性針對七十一國的調查中，荷蘭人的英語能力在全世界非英語母語者排名第一。台灣則大約是世界排名三十三。大家可能聽聞過在歐洲國家中，有些國家（例如法國、德國），求職者會被期待可以講相對流利的法語或德語，那也許荷蘭人英語好，求職就比較不需要荷語能力嗎？

這樣的看法，也對也不對，還是要看產業，還有打算從事什麼項目和等級的工作。法國、德國、荷蘭，我散落世界各地的朋友圈中，有很多人都只具備粗淺基本的在地語能力，就能夠仰賴專業，從事主要以英語溝通的工作。我自己也是如此。但不可否認，荷蘭的調查研究發現，不諳荷語與專業科目不符合市場需求，是外籍求職者最大的兩個關卡。

首先是荷蘭語能力的差異。不少外籍求職者固然英語能力流利，但是別忘了荷蘭人英語也很好，所以假設專業能力相近，能夠說流利荷蘭語和英語的本地求職者，當然就容易脫穎而出。還有就是互動對象，如果是得面對一般荷蘭顧客或客戶，不會荷蘭語，基本上就沒有機會。公司也都會衡量辦公室文化，就算專業條件很適合，如果公司目前並沒有很多外籍人士，要聘一個不會荷蘭語的新同事，那等於開會大家都得配合轉換成英語，大家不見得喜歡。在商業類，朋友間從事財務分析的比行銷好找工作很多，前者面對數字，是國際共通語言，後者對於文化和語言門檻較高。

到了我所處的高等教育階段，使用英語為主要溝通語言當然就非常普遍了。大家開會可以為了一個英語使用者，而全部改成說英語。有時我發音錯誤，還會被友善糾正。但就算如此，每到咖啡時間，同事間難免會習慣切換為荷蘭母語彼此聊天大笑。對我來說，就少了一些和同事交流互動的機會。有時大家荷語講得太自然，等到下一段會議回來，也繼續用荷語，我也是會不太好意思馬上開口糾正。

另外一個就是專長不盡符合。很多來到荷蘭的外籍人士專長，可能不是這裡市場需要的，有些人過去或許還有帶領團隊管理職的經驗，然而這些領域，在不同國家都會有不同強調的重點。我也有認識中南美洲來的理工科系朋友，他們雖然是自己國家的大學理工科系畢業，也有相關工程師的經驗，但因為學校不夠出名，加上沒有這邊相關的證照能力，不能從事自己本業所學，最後轉為進入門檻較低的服務業。這樣的狀況，在某些台灣朋友的身上也有聽聞。

荷蘭職場觀察

第一、來個荷蘭職涯教練吧

在荷蘭職場，因為不同階段的不同需求，常常有人會聘請職涯教練。例如求職階段，多數的人都會使用「LinkedIn」，學習怎樣好好維護自己的線上履歷，讓它呈現有活力，但又不過度膚淺表面，甚至如何設定關鍵字，或者增進面試能力，就是個可以透過職涯教練學習到的職場藝術。而除了這些所謂的職場硬技能之外，有一類型的職涯教練專注在幫助工作者提升工作效能，同時練習怎樣保持生活和工作的平衡，也是很受歡迎的選擇。

第二、荷蘭職場也講關係？

找海外工作，最難的就是獲得第一個敲破障礙的敲門磚。荷蘭職場講求關係嗎？當然，不僅內部推薦的例子，比比皆是。不少朋友的工作，也是透過什麼親戚或哪個同學介紹而來的。我剛來荷蘭時，有想過先做志工累積一點文化經驗。後來才發現，幾位能找到機會做過志工的朋友都是親戚介紹才有機會的。

但是這裡的關係不要解釋為只有裙帶關係，有時候同個學校畢業的學長姐校友，甚至有點地緣淵源，總是比較親切。有些人的簽證允許從較低薪的實習職位開始，先透過關係進到公司，再因為表現不錯，直接被邀請面試的也有很多。對於我來說，這樣的概念可以理解，但同時，在這樣重視關係關聯的荷蘭職場，外來者要脫穎而出，往往得花上更大的力氣。

第三、持續進修自己的荷蘭語與溝通能力

要久居在荷蘭，把荷蘭語仔細學好還是滿重要的，職場和生活都會方便很多。就算不是馬上嫻熟到商用荷語的等級，也是誠意的行為，不僅找工作加分，和同事也可以多聊上兩句。

除了說語言的能力，溝通能力也很重要。在直言的荷蘭職場，不僅要練習把話好好講出來，表達自己的意見，也有學習怎麼處理抱怨。有人說荷蘭人是非常愛抱怨的民族。我有同事曾經哀號過她喜歡和國際學生打交道更勝於荷蘭學生，因為荷蘭學生實在太愛寫落落長的信來抱怨了，有時候她一個上午讀信回信，可能只處理了幾個小的抱怨問題。朋友去上高階荷蘭語課程，其中有個單元的學習目標也是如何正確有效的抱怨。因此除了把話好好說出來，有效抱怨，培養禮貌抵擋抱怨的能力也不要忽視。

公眾演說的能力也愈來愈受重視。我的幾位老闆都參加過公眾演說能力的溝通能力訓練，還推薦我去上課。我自己實際上課以後發現，不僅限於荷蘭職場，在現在的社會，怎樣把故事說得好吸引人，真的是太重要的當代職場技能。

身為外籍人士，工作是我認識在地文化非常重要的媒介，不僅能夠建立自我認同，透過不同面向體驗生活，豐富生命經驗。找工作也許困難，但看自己有多想要，就會多努力去克服一路上的各種障礙。如果可以對於找工作的難度和在地的職場文化，事先有比較充足的認識，就可以建立比較健康的心態。

很多人在過程中經歷很多挫折，看著別人成功經驗的分享，難免會質疑自己。然而，持平而論，不少海外職場經驗分享是有點誇大的，每個人都是不容易才找到工作的和生存下來的，所以千萬不要氣餒。機會是留給準備好的人。當然，也不一定要侷限本來專業，荷蘭是對創業和自僱者友善的國家，有時山不轉路轉，創意思考，也可以開創職涯生命不同的風景。

1 二〇一六年，荷蘭政府為了吸引優秀人才，又進一步開放只要是在世界排名前二百名的大學內獲得碩士或以上學位的人，可以在畢業三年內，申請荷蘭求職簽證。

學習工作的像個荷蘭人

請假是必須，度假是應該

聽聞荷蘭工作條件與福利制度的朋友，大概都會覺得在荷蘭工作是個不錯的事情。其實，不只荷蘭，在社福制度相對完善的西歐國家，能夠有份工作，不僅是在地的文化參與，也是此刻的經濟來源，和對未來的保障。透過工作提撥，職人們可以累積退休金，等到將來，除了政府發放的老年津貼，還可以領取自己存的退休金，這樣就比較容易有經濟安穩的老年生活。

而找到工作以後，除了好好的繼續工作，當然也要學習工作的像個荷蘭人，也就是在練習平衡工作和家庭生活。而荷蘭人之所以在公私領域間平衡維持的比較好，跟這裡的工作制度很有相關。

兼職文化

在荷蘭全職工作者的工作時數，大約是落在三十五～三十九小時之間，低於三十五小時，就會被定義為兼職。但這裡的兼職概念和台灣不太一樣，台灣的兼職通常指稱那種時薪制，沒有福利，甚至每個月不一定保障可以幾小時的工作。但在荷蘭，兩天以上的兼職，就算是正式的合約員工，福利與薪資只是按比例打折，工作地位也不亞於全職員工。

所以很多人雖然是正式編制裡面拿永久合約的員工，但可能上班只有兩天半或三天。而有些人雖然是全職工作者，也工作五天，但可能來自兩個不同單位的兼職合約。

這樣的工作制度是很有彈性的，但也是有優缺點。比較常被看到的好處是家庭生活和工作比較容易平衡。尤其是像我們這樣家有幼兒的家庭，夫妻一人全職一人兼職，或者是夫妻都只上班四天，可以讓家庭照護的壓力，還有托嬰費用的負擔減輕。另一個好處是，兼職文化也讓更多人能留在職場上，一個工作拆成兩半，就可以有兩個人都有機會勞動參與，更精準地計算每個任務所需的工作時數，分配給不同專長的人，也很符合公司的效益。

但這樣的工作制度，當然也有不同面向的缺點。首先是性別議題，很多荷蘭女性即使原來是全職，生育後也可能是家裡優先轉兼職的那位。根據官方統計，荷蘭大約只有三成的女性是全職，其中約有一半是自由業，同時卻有七成的男性是全職。

於是這種長期的社會現象，就讓年輕的荷蘭女職人抱怨，某些雇主可能會有栽培女性員工的疑慮，認為女性未來反正會轉兼職，也不會選擇衝刺職涯，導致女性在職場升遷上的不利。

統計也發現，大部分的管理職不管是公司還是雇員自己的決定，有八五％是全職工作，甚至工時超過四十小時大有人在。所以簡單說，想擔任管理者要有持續性全職工作的準備，那麼當社會普遍性認為女性生育後就會比較回歸家庭，則會影響職涯發展。

而有部分中年女性，在三十～四十歲之間，因為育兒關係由全職轉為兼職，之後，可能又因為伴侶關係改變，回到單身。這時，如果不是很高薪的工作，只有兩天或三天的兼職，就會沒有辦法維持穩定的生活，而陷入經濟困境。

自己雖然得利於兼職文化，可以兼顧家庭和職涯發展，也保留有部分個人時間，能從事我喜愛的寫作活動，但也面臨實務上工作協調的問題。由於工作團隊裡有非常多兼職工作者，每個人不同時間上班，所以單單要找到一個大家都在的開會時間，有時還真的是非常不容易。在協調時，還可能會面臨誰該配合、該捨棄誰、誰不用來開會的尷尬狀況。

除了優缺點，不同世代和年紀間，也有對兼職文化不同的態度。周遭有些年長的朋友，到了六十歲以後，雖然還留在職場，但因為子女已經獨立，經濟壓力減輕，很多人會主動要求減少工作時數。有位荷蘭朋友是超過六十歲年長心臟開刀的專科醫師，分享過在他那個年代，所有心臟專科醫師都是全職，但現在不論性別，或許因為這是個高壓力的工作，他認識的壯年醫師幾乎都只願意工作四天，保留一天休息日。

需要加班嗎？

荷蘭職場有不少彈性的規定，我自己在一開始就是遠端工作者，幾個朋友的工作也都可以視需要申請短暫的在家工作。有位朋友通勤時數較長，所以她申請部分通勤時間也算在工作時數裡，荷蘭的火車上都有無線網路，這位朋友就利用這段時間回覆電子信件。當然，各種工作條件，都是雇員和雇主間的協商。如果有需求，大膽講出自己的需要，提出規劃，不管老闆同不同意，都不算冒犯，這是很常見的職場文化。

荷蘭當然還是有上下班時間，但即使沒有明確說是彈性工時的公司，多數也都接受這樣的默契。尤其是荷蘭的診所和醫院都只有上班時間才看診，有些員工只是需要短時間離開辦公室去看個診，或者臨時接到托嬰中心告知小孩發燒，需要提早離開，通常只要把手邊的工作交代好，告知主管就可以離開辦公室，省去麻煩的請假程序。當然，如果臨時生病，整天不進辦公室，請病假也非常簡單。

另一個常見的迷思，就是既然荷蘭人工作和家庭平衡，想必荷蘭人是不加班的吧。荷蘭人並不常抱怨加班，但如果把加班定義為當週工作時數超過合約上的規定工作時數，就算加班，那荷蘭人需要加班的也不再少數。

根據統計，愈是全職工作，教育程度愈高，加班的狀況都更明顯。在荷蘭有些工作屬於責任制，這類的工作，專業性高，給薪高，但實際付出的工時也更長，這些都是屬於自願加班。至於服務業和零售業，對於夜班，或者為了因應假期整理貨物或延長銷售時間，政府則另有清楚的規範。簡單說，收入高或者擔任高職位的族群，也較難逃加班的命運。

請安心休假吧

根據規定，荷蘭全職工作者最少要有二十天的有薪休假，約四週。不僅多數公司都給的比法定最低休假多，有些工會組織非常有能力，甚至可以幫工會會員爭取到近四十天的有薪休假。荷蘭職場的普遍概念是，適當的休息是為了走更長遠的路。員工放假後，精神飽滿，元氣十足的回到工作崗位，才能有更好的點子和表現。**所以請假是必須的，度假是應該的**。

擁有紙上的休假天數不稀奇，很多荷蘭人，且休假真的就是什麼都不管的，電子郵件設好自動回復，位高者，才會列出緊急事件的職務代理人，然後大家就真的放假去了。而什麼屬於會被處理的緊急事件呢？荷蘭同事開玩笑說，不到人命關天、火燒房子的都不屬於緊急事件。

在薪資設計上，荷蘭一般是談年薪，公家單位則依職等和經驗，月薪再換算成年薪。簡單說，受雇的工作者每年五月份可以得到年薪八％的休假補助，這筆補助的原始概念就是鼓勵員工，此刻趕快好好休假，享受難得歐洲夏天美景。所以每年最多人休假的時間就是六到八月，這段時間剛好也是學齡兒童放暑假，適合全家出遊，很多人因為已經知道大概的時間，都會提早規劃，熱門的森林木屋與營地都非常搶手。

沒有休完的假期，有些單位允許轉換為獎金，只是一旦轉換成獎金，就會被扣高額的稅，所以精打細算的荷蘭人，通常寧願選擇休假。**荷蘭人還可以薪水買假期**。有位朋友某年規劃從荷蘭騎腳踏車到蒙古，需要的假期時間較長，當年度他就以薪水購買額外的假期時數，真是有意思。

荷蘭人對於員工需要適度休息，是不分行業的重視。跨年夜期間，荷蘭民眾最仰賴的交通工具國鐵，就只營運到晚上八點。來訪的新加坡朋友當成大消息分享，直說那跨年的人潮怎麼辦？荷蘭朋友提醒她，可是司機也該有權利回家好好休息跨年啊，要出遊的人本來就應該趁早計畫自己的行程。

除了百貨公司和超市，一般商家，除了特殊的購物日，平日都在五點就結束營業，周日不開業是常態，周日有開業的，很多就會週一休息。這些是規定，並不是由店家自由選擇的，畢竟付了整個月的店租，還是天天開業對店家划算。但是店家開店，表示員工得上班，這可能又會影響員工休息。所以政府認為除非特別必要，不然周日不得安排員工上班，而且必須員工和雇主雙方都同意才可以。

所以在荷蘭工作輕鬆嗎？身為海外女職人，我覺得工作沒有在輕鬆的，老闆也不是付錢來讓員工輕鬆的。在荷蘭工作，特別是對外籍人士，確實是很大的挑戰，但也是很好的回報。整體說來，荷蘭確實是有比較好的職場條件和工作環境，這些比較好的條件，也是透過職人們自己繳納的高賦稅保障的福利。

很明顯的，在荷蘭，並不認為高工時就代表高競爭力，效率很重要，而且其實適度的放鬆才能激發更好的創意。唯有老闆把員工當成人才，而不是奴才時，員工才比較可能在完成工作本分之餘，創造出更大的價值。

荷蘭的職場文化

直言、平等、共識與折衝主義

前文提過文化上，荷蘭人的務實、直接都是出名的。然而知道是一回事，職場上實戰遇到又是另一回事。當然，個別差異和不同辦公室文化也有影響。有人形容，**荷蘭人的務實、直接，會給人冷酷的感覺**。如果需要幫忙求救，但問錯人，有些荷蘭人可能會以不在自己責任範圍而拒絕協助，而且可能也不會告訴你該問誰。分享的人應該是有親身體驗，然而我的習慣是，不論是和哪一國人打交道，問問題的信件，最後一定加上如果這不在您的業務範圍，麻煩您提供我一些建議或聯繫指引。根據親身經驗，這個句子加上去，不論哪一國人，都會幫忙的。

直來直往的荷蘭人

荷蘭人有多直接呢？第一次和一群荷蘭同事開會討論工作時，簡直是震撼教育！好幾個時刻，同事間彼此講話回應都非常直接，以我的觀點，絕對可以稱之為「哇！好衝、好嗆啊。」但仔細觀察，大家的發言並沒有酸言酸語，沒有明褒暗貶，也是對事不對人，所以最後當然是沒有吵起來。開會當日，有安排午餐和晚餐的社交時間，這時，同事們大家吃飯聊天又其樂融融。

荷蘭人的直來直往，在寫郵件時，因為沒有語氣，顯得更為明顯。我新加入團隊時，只認識其中幾位同事，有位同事在幾次的回信中，相當犀利直言，我一度擔心他是不是排斥我。但第一次見面時，卻發現他是位熱情友善的荷蘭年輕人，他還主動介紹我給其他新同事。其實，一旦彼此認識後，再回想他那些讓我感覺太過直接的句子，放上語氣，心裡又覺得好像並沒有那麼直接了。

伊尼卡是我荷蘭同事，負責國際事務多年，因為工作重新分配，她最近也開始統籌荷蘭的訓練課程，她就經歷了反文化衝擊。她說多年下來，和國際人士溝通，她習慣郵件要先有問候語，然後要有一點建立關係的內容，接著才能談到正事。改成和荷蘭人溝通時，她每次寫完郵件都要回頭檢查，把不必要的內容刪除，甚至得改成單刀直入的條列式，才能維持荷蘭人直接簡單的溝通模式，也才不會讓人覺得她囉哩囉說。

直來直往的荷蘭人，在爭取工作分配或薪資上也都是如此。他們普遍性的認為自己的權利要勇於表達，我的老闆就曾經說過談薪資就要勇敢爭取。如果員工爭取了，但公司沒辦法提供，那就有兩種可能，第一、員工不夠資格，問清楚原因後再努力。第二、如果員工合格，但老闆不給，表示領導方式或者這個方案的利潤評估是有問題的，員工應該思考自己的出路。她很明確的說，**在荷蘭，不主動表達，默默等待上司注意到自己，恐怕不是最好的方法**。

有位台灣籍的主管說，有一次，她興高采烈的通知荷蘭同事要給她加薪。隔天，荷蘭同事帶著稅率試算表來秀給她看，告訴她，要嘛薪水再多加一點，不然寧可不要。原來加薪後會影響繳納稅級的多寡，甚至影響育兒補助，精明的荷蘭職人們對於自我的權益，也是很注重的。

我任教的大學有很多國際學生，所以學校需要幫助國際學生適應**學習直接敢言的荷蘭文化**。學校發現有些學生是來自比較「尊重權威的文化」，課堂上沒有表達問題，但等到課程結束，要求評鑑回饋時，或許因為匿名性質，才敢給改進意見，但已經太慢了。太慢反映，荷蘭人會覺得，你一開始不反應是你的責任，我現在已經無法為你做什麼了。

我的職場經驗也互相呼應，荷蘭人確實更傾向你當場說，而不要事後私下抱怨。如果不喜歡立刻說，至少會得到一番就事論事的討論。話說回來，荷蘭人的務實與直言，雖然不會覺得冷漠冷酷，一開始我也確實不太習慣。但若沒有親自體驗，單聽別人形容，恐怕還是有點難想像荷蘭人有多直來直往和敢言。

簡單說，在荷蘭，表達自己的意見，是很自然的事情。然而，千萬不要以為這就表示可以不注重禮貌，怎樣用字遣詞也是一門藝術。

強調平等與共識的荷蘭職場

荷蘭的職場文化也深受平等主義和共識制度的影響，重視每個人的意見，認為不同人會帶來不同專業和看法，都很有價值，都應該有機會被聆聽。在一本寫給美國專案管理者的荷蘭文化書中，就清楚提醒來自跨國公司的美商管理者，千萬要尊重荷蘭同事的發言機會，強調上對下的管理，在這裡是行不通的。

平等主義也是得實際體驗後，才能真正掌握精髓。我在大學第一個課程提案，被拿出來討論時，大家談得非常熱烈，中心主任也就所設計的內容給了很多意見。那時，我從自己台灣和美國經驗來思考，覺得既然收到很多上司的指示，那就要試著把每個意見都融入到課程設計中。結果就是這個設計變成了個巨大的怪獸，有著太多沉重的細節。

我後來覺得這樣對學生的學習不是最好，決定再跟同事討論。同事很驚訝地跟我說，會議上大家只是按照習慣暢所欲言，即使是主任，她的意見也只是一個建議，而不是指示，課程負責人，可以決定要不要採納別人的意見，畢竟最後是出負責人負責成敗。哇，這對我也是個很新的學習經驗。然而尊重每個人的聲音，有時也帶來冗長的討論。

另一個常見的抱怨，就是很多荷蘭式會議的討論可能是沒有結論的。正因為每個人都可以發言，有些荷蘭上司，習慣招聚大家來開會，一群人七嘴八舌，不管與自己的專長領域是否相關，都熱烈提供意見，而外來者對這樣的工作文化感到很困擾。

重視折衝妥協的職場文化

曾任荷蘭駐台代表的紀維德曾說，荷蘭人愛爭論卻懂得合作，而他認為在這個特質上，台灣人和荷蘭人是很相似的。確實，荷蘭職場雖然直言愛辯，卻也能夠透過協商合作順利完成工作。

從另一個角度探討，荷蘭的平等和包容，最常為人詬病的就是這種平等，很多時候會流於表象，而包容只是容忍，並非真心的接納。最常見的例子，就是荷蘭人對於不同族群的態度，有很大的差異，荷蘭社會也承認他們對土耳其或摩洛哥裔的人是有存在歧視的。擁有摩洛哥姓氏者甚至在求職時，特別困難。

荷蘭職場的平等，有時說穿了也是如此，它是相對性的平等，是和其他文化的職場比較而來的，而且也不真的代表每個人都是平等的。在荷蘭職場，不論職位為何，任何人當然有權利暢所欲言，但這不表示那個意見就會被採用聆聽。

同意不同意的意見，英語諺語中的「Agree to disagree」，在重視折衝妥協的荷蘭職場更是常見，也就是，衝突的解決，要尊重各方不同的意見，大家可以不接受相反的立場，但也要彼此容忍。當各方都認識到進一步的衝突，是不必要無效的時候，大家可能就會停止討論，保持友好態度，同時繼續對未解決的問題持不同意見，這也是有時荷蘭職場討論沒有結論的原因。

當然，荷蘭人在做決策時，跟他們生意人貿易商的民族本性也很相符合，認為妥協與合作是決策的核心，過往的慣例、是否需要創新和管理的效能，都是考慮的重點。荷蘭發展最出名的諮商理論叫做「焦點解決」，這套理論具體而微的反映了荷蘭文化，和傳統的諮商理論最大的區別，就是這套理論認為有時過往的恩怨和問題，怎麼來的並不是最重要的，當下的問題是什麼，當事者現在擁有哪些資源，針對眼下的狀況，提出一個方案才是比較重要的焦點。

因此，雖然每個人在會議上都會有自己的想法，但最終大家還是要想辦法產生一個行動方案。每次解決一個小的問題，其實也是種積極的態度。

荷蘭總裁滿街跑

對於新創家的友善環境

來到荷蘭職場，除了可以積極求職，進到公司體系，很多人也會考慮成為自僱者或者公司創業。二〇一七年，荷蘭已經有超過一百一十萬位的自僱者，佔全體勞動力的約十二％，是歐盟的第七高。過去曾經有人在二〇一五年預測到了二〇二〇年荷蘭會有超過一百萬的自僱者，這個數字不但提早了三年就超標，人數也持續逐年快速增加中，可見愈來愈多人想要當自己的老闆。根據調查，人們選擇成為自僱者的原因，包括需要有新的挑戰，以及可以自由決定自己的工作時間。

在荷蘭，成為自僱者很簡單，只要上網登記就可以，連實體公家單位都不用去，幾個小時，就可以創立有名號的工作室。

在荷蘭各行各業都可能是自僱者，工程師、建築業、私人導遊、民宿、私廚、咖啡師、專業服務員、按摩師，甚至要成為一位合法的性工作業者，第一件事情就是登記成為自僱者。有些人除了一般工作合約，也想部分時間當自己的老闆，也可以申請自僱者。當老闆真的很簡單，只要有創意、有想法，或者即使只是想多掙點外快接自己的案子，人人都可以是斜槓工作者或霸道總裁。

荷蘭友善國際化的新創環境

前文提到的自僱者雖然也是創業，但比較像個人接案。如果想要公司創業，那又是另一種規定。

在荷蘭大學畢業六到七年之間，如果還留在荷蘭，大約有六％的國際學生會創立公司，同時約十八％的荷蘭大學畢業生會投入公司創業，比例不低。國際學生中，創業最多的是德國人和中國人，在各類學生創業主題中，醫療保健、語言文化和教育的新創工作相對較多，農業和自然環境比較少。

荷蘭人創業家的平均年齡是三十四歲，然而創業的風氣，並不是到了大學畢業才開始的。由於荷蘭人申請成為自僱者不困難，也沒有限制要幾歲才能做商業登記，微型創業、創業嘗試可說是從青少年或兒童就開始了，唯一就是十六歲以下創業需要父母的批准。

今日，在荷蘭已經有超過一萬六千名以上登記有案的十三～十八歲青少年創業家，創業的內容從五年前以網頁網路軟體設計為主流，到現在最流行的是線上購物的服飾商店。這群青少年創業家得利於網路的便利，好奇心強獨立自主，樂於嘗試，有的人還會聘請同儕做員工來協助打理公司雜事。

在校園中透過課程，推廣青少年創業啟蒙教育的荷蘭青少年創業培訓基金會強調，現代職場訊息萬變，幫助青少年學會以企業家的態度面對自己的工作和管理個人職涯非常重要。什麼是企業家精神呢？就是能看到並抓住機會，能將點子構想與想法轉化為行動的能力，是種富有創造力、創新和冒險的精神。看來荷蘭人真的不僅是傳統上的生意民族，也試圖培養與時俱進下一世代的企業家。

荷蘭創業成果相當豐碩，除了前述主題，科技創業也很有實力。二〇二〇年全球最佳國家排名，荷蘭在創業、公民權、生活品質和商業開放程度都領先，競爭力指數和創新指數都是世界前四名。在世界最適合開始新生意、對生意人友善和新創友善的國家中，荷蘭是少數都排名前十名的國家。荷蘭人英語能力的優勢，也讓人要在這裡開展新生意，感到相對友善。全球創新指數評比（Global Innovation Index），荷蘭從二〇一六到二〇二〇年，都是全球前五名。

二〇一四年荷蘭的創業家行動計畫，大幅度地降低非歐盟國籍創業家在荷蘭創業的門檻，所以有些國際學生，考慮到直接就業的困難，也會以設立公司的方式，來試著留在荷蘭。朋友是工業設計主修的碩士生，在學期間，就打定主意要以創業家的身分，做為留在荷蘭的機會之一，和幾位志同道合的朋友腦力激盪，早早就開發了合適的商品，也大量參加荷蘭各種新創產業的活動，最後公司順利成立。

其中有相似規劃的人，都不會錯過的就是每年四月由荷蘭政府、民間組織、學校等共同舉辦「Appril」。「Appril」強調設計、科技與商業的創新，雖然主要聚焦在APP應用程式的研發，但在這一個月期間，各種不同形式的演講、工作坊、競賽、聚會，讓有意投入創新產業的人，都能找到合適的人聊聊，獲得啟發的訊息。

對有心創業的學生，學校裡就有許多資源。在荷蘭，幾乎所有大學不論研究型或實用型，都與公家或私人公司有各種不同程度的產學合作，包含科技和商業創新。不少大學也設立新創產業的孵化器，提供技術和培訓支援，幫助學生研發的技術在市場上找到應用，也提供新創企業獲取知識，或與其企業建立互助的關係網路。

整體說來，荷蘭公家和私人，都願意鼓勵學生創新創造，並提供適當的協助，整個荷蘭社會就變成了一個大型的孵化器，不僅現在就開始享受創意帶來的商業成果，也有機會吸引更多有創意的人才。從我教育者的觀點來看，創意帶來各種方面的進步，不僅是創新商業，科學或藝術文化都會共同茁壯。

創業家的挑戰

成為自僱者的好處不少，根據荷蘭稅制，自僱者的免稅額度是一般上班族約四倍，也就是賺同樣的錢，自僱者需要繳的稅比較少。所以很多人如果從事服務性質的工作，也更樂於去申請自僱者的身分，一來很大的狀況是所得並不會被課稅，二來收入來源合法，也不用擔心被檢舉。然而不論是自僱者或創業家，當然也都有自負盈虧，和面對是否能真的創業成功的壓力。

成為自僱者雖然容易，登記者也很多，做同樣的工作，自僱者的現金收入也會比受雇者高，但當然也有其他挑戰。例如自僱者要自己規劃退休金提撥和傷殘保險。在荷蘭職場，多數雇主每年都有預算讓員工進修增進技術和知能，自僱者就得自己負擔和尋找資源。

在荷蘭這種鼓勵勇於嘗試的環境，加上創業也不困難，很多人都願意投入嘗試。然而要海外創業成功還是相當不容易的。成功創業者的故事被大量流傳，但很多人忽略了生存者偏誤，也就是只有成功的人才會被記得。有時單一時間點的故事，被反覆的分享，甚至過於誇大，很多人並不真的知道那間公司後來怎麼了？

就像我在荷蘭創業成功的朋友，公司剛剛獲准成立，也得到幾個競賽獎項和資金。然而問到公司前景時，她也只能笑笑說，正要試試看。沒有人可以保證五年後這個公司是否還存在。這間新創公司，目前有五人共同創業，然而只有二位是全心投入，其他三位也在其他公司上班。

另外兩位朋友，在工作閒暇之餘，曾經想要以手工飾品推廣家鄉文化，創立之初，確實也相當有熱情，還獲得採訪報導，然而因為投入時間和收益不成比例，很快就默默地結束營運。

其實，不論打算在哪裡創業，大概都要有先吃苦的準備，新創公司雖然有機會申請資金投入、也幫忙創造很多就業機會，然而新創公司的工作起薪往往略低些。想要在荷蘭展開生意的人，要先理解這個國家整體的和職場的文化，不要被表面上的平等開放所誤導，而忽略了荷蘭也有很多保守的想法和官僚系統。對於外來者，可能會發現，單單要正確報稅，就有好幾個不同公家單位得打交道，所以不論是職場職人或新創家，想要在荷蘭職場適應良好，一定要先對文化做點功課。

荷蘭工作保障與職業倦怠

上有政策、下有對策

在荷蘭找到工作後，第一個最實際的建議，就是一定要把相關工作規定問清楚再簽約。例如外派者可能和本地雇用者就分屬不同國家的勞動法保護，享有不同勞動條件，所以要搞清楚自己是哪一種。或者同樣都是屬於高技術外來移民，對於超過三十歲以上的聘僱，就要有比較高的薪水才能符合簽證規定，這些都是在談工作條件和簽署工作合約前，要搞清楚的。

在荷蘭職場，很特別的一個規範是把員工視為公司的利害關係人，不必取得股權，依法就能享有一些監督或參與公司營運之權，稱之為雇員參與式管理。在這樣的精神下，員工權益透過公司內的員工理事會，或者全國性的勞工工會，受到很大一定程度的保障。面對雇主，員工是弱勢，所以透過各種相對保障員工權益的法律，不可諱言，荷蘭職場的勞權確實不錯。

然而上有政策下有對策，雖然以下要介紹的各種政策都是從保障員工權利出發，但公司絕對也有各種方法來逃避這些規範，所以如果有特別在意的條件，都應該要爭取事前詳載在工作合約上。此外，羨慕之餘，不要忘記，很多福利都是職人們自己用稅金繳納出來的，多數人都覺得荷蘭的稅負負擔頗重，福利和義務很多時候是一體的兩面。

友善的職場，與不簡單的資方

簡單說，荷蘭透過勞動契約規定保障員工權益，認為公司應提供有保障的工作讓員工安心工作的責任。在荷蘭公司，要辭退永久合約的員工不僅程序相對複雜，即使工作合約沒有特別規定，勞動法也規定，至少要一個月前通知，所以不至於出現給員工一個空紙箱，請他立刻交回門禁卡馬上走人的畫面。

但如果是以自僱者身分受雇於不同單位，老闆卻可以隨時終止聘僱。有些工作，例如廚師、咖啡師或者店員，雖然也在店內工作，但和雇主間的關係就不一定是這種有合約的勞動契約，有時早上被通知下午離開也是有聽聞的。

對於不合意的永久合約員工，公司要解除合約當然是得費一番周張，尤其是荷蘭規定雇主不能僅僅因為表現不佳就解僱員工。他們必須提供正式的回饋，明確告知員工績效不佳，同時還得協助員工，分析和擬定合適的策略以幫助員工克服這些問題。如果雇主都做了，結果員工的績效還是沒有改善，則雇主才可能有合理的解僱理由。所以有時候為了讓員工順利走人，避免有糾紛，公司也會提早通知或給予夠優渥的離職條件，來達到好聚好散。

正因為如此，多數荷蘭公司對於提供永久合約，相對很謹慎，很少公司馬上就提供永久合約。有時會先提供類似試用期概念的有限期短期合約，或者要求對方去註冊成為自僱者，大家先來試試看合不合拍，能不能成為工作團隊。只是，由於永久合約試圖保障員工權益，離職規範比較嚴格，不少外籍人士也抱怨，雖然斷斷續續的一直有工作，但是始終欠缺一張讓人安心的永久合約。

但永久合約真的就是保命符嗎？也不能這樣說。因為如果公司經營不善非得裁員，那麼即使是永久合約也難以避免這樣的結果。對於居留簽證是和工作簽證綁在一起的外籍人士，一但被裁員，除了面對失業的挫折，很快的也得面臨合法居留身分失效，必須三個月內馬上離開荷蘭的困境。

荷蘭式的職業倦怠

失業補助是社會安全網的一環，前文提過荷蘭有完整的社會福利制度，如果非預期性失業，被遣散，有失業救濟金可以領，福利在歐洲算是前段班。所以財務安全感比較高，比較沒有要為未來風險儲蓄的概念。

失業補助規定很多，領多久能領多少，依照不同資格，要仔細計算。但很重要的是，在請領失業補助期間，規定請領者要有找工作的義務，鼓勵職人們持續的再接再厲，不要把失業補助當成休息或終點站。

除此之外，在工作期間，因傷或失能導致不能工作，保險會予以給付。因傷比較好理解，什麼是失能呢？在所謂荷蘭職場，失能除了疾病以外，還有一群是精神上有狀況不能工作的人，現象很多，統稱為職業倦怠（Burn Out）。

最近一項二〇一九年的調查顯示，大約有十七％的荷蘭職人處於職業倦怠的狀態，其中職業倦怠指數最高的就是從事教育工作的職人。職業倦怠是種心理疲勞，簡單說它被定義為長期精疲力竭、每天早晨都感覺疲憊、情緒感覺掏空倦怠、工作後感覺極度倦怠、會對合作的他人工作上有強力要求。有職業倦怠的人，通常專業表現降低，無法符合職務需求。哇！根據這個定義，多數人應該都開始懷疑自己好像職業倦怠了。

不過，其實要被判定為職業倦怠，也有症狀程度的差別。所以當然不是感覺疲倦就會被評估為職業倦怠，出現相關症狀時，當事者可以主動或被轉介到專門的單位進行一系列的心理評估，並且擬定後續的恢復計畫。

當事者被判定為職業倦怠後，就被視為一種疾病，依現行法規至多雇主得付薪長達兩年。員工固然也可以像其他疾病一樣，不做治療。然而由於兩年後，雇主可以依法去提出終止合約。我所認識經歷職業倦怠的朋友，多半都會依照專業建議，慢慢的恢復增加上班時數，最後回到原來的合約時數。

一位請領過職業倦怠失能津貼的朋友說，她每天早上都知道自己應該要起身工作，但是不論怎樣，她都無法離開她的床鋪，做任何事都提不起勁來。而她內心是很想趕快回到職場上的。由於這位朋友有心理學背景，所以我們也從專業層面去討論。

朋友承認連她自己都不能肯定這是職業倦怠還是憂鬱症，在做第一次評估時，單憑她還可以離開家到中心參加面談，她就被評估為非職業倦怠。然而第二次，因為找不出其他原因，所以她還是被評估為職業倦怠。另一位朋友則是很快就被評估單位判定為職業倦怠。主因是這位朋友在發生職業倦怠之前，有長時間被大量交付不屬於她工作合約上的職責和專長範圍的工作，導致壓力過大，產生不適。第二位朋友，在後來的恢復計畫中，被鼓勵專注於她感興趣的事物上，逐步恢復對工作的熱情。

由於職業倦怠被界定為不是憂鬱症，然而症狀有時也真的很像，所以我請教過荷蘭心理學專家，究竟這二者有什麼不同？對方坦言，即使是普遍性理解職人可能會職業倦怠的荷蘭，不同單位對於職業倦怠的定義也不太一致。有人甚至主張，職業倦怠的產生，有時是在職場上的創傷性症候現象，例如曾經遇到特別難相處的上司。但是他反問我，即使當事者可能因為有工作以外的原因，共同導致他的工作表現不好，難道此時辭退他就是最好的方式嗎？

因此，透過友善的協助，在法規上，讓雇主有義務要想盡辦法幫助員工重回工作崗位上，發揮他的勞動力，產生工作價值，或許是更正向積極的做法。看看荷蘭，想想自己過去工作不同的環境，在這點上，荷蘭確實是相對更善待雇員。

7

跨文化教養！

挑戰 荷蘭 養小孩

我在荷蘭當媽媽了

荷蘭人都在家生產的神話

根據聯合國兒童基金會對世界上最富裕的四十一個國家兒童身心健康的研究指出，**荷蘭是世界上最適合兒童和青少年成長的國家**。在兒童的生活滿意度這方面，荷蘭有九三％的孩子對自己的生活感到滿意，也是滿意度最高的國家。根據研究報告，荷蘭兒童的教育程度、物質幸福感、行為和風險都是世界上最好的。社會文化觀察家，將荷蘭兒童的幸福感歸因於文化的不競爭、低壓力的學校文化，以及父母良好的工作與生活平衡。

長期以來，在世界排名，**荷蘭都是家庭生活幸福的前段班**。我雖然沒有刻意追求要在這裡養育小孩，但自自然然，隨著生命進程，我在荷蘭當了媽媽，享受了荷蘭有薪的十六週產假，小孩也在這裡成長，同時陸續進入托嬰、公幼系統和國際學校。這一連串的荷蘭式體驗，對於身為教育工作者的我而言，帶來許多不同面向的思考。這些差異，從產檢開始就很不一樣！

荷蘭式的自然產檢觀

和許多已開發國家有著相似的概念，荷蘭人認為懷孕是正常的生理歷程，而非疾病，沒有特殊狀況，就是維持正常生活。例如只要技術可以，孕婦通常也繼續騎腳踏車，維持正常的飲食，但會強調不要抽菸。在照顧上，除非特別生理條件，不然懷孕主要是由助產士負責產檢和照顧，一路協助到生產。

在驗到懷孕後，預約地區的助產士工作室，助產士會幫忙推算時間，安排在第九週時第一次碰面，照超音波，八週之前基本上是無作為的。如果早期孕程有任何不適，採取的是物競天擇的態度，醫療單位或助產士並不協助安胎。

荷蘭人主張懷孕期間的醫療介入愈低愈好，非特殊生理原因，否則不能安排剖腹產，更遑論挑日子或時辰。我個人生產時，因為特殊醫療狀況，所以有一組開刀的醫護人員在另一間產房待命，但同時間，醫師還是要求我必須先嘗試自然生產，非到萬不得已，不鼓勵剖腹。

拜訪助產士和看醫師，真是截然不同的體驗。助產士工作室往往布置得很溫馨，每次見面，助產士並不急著檢查，反而都會先聊聊天，關心孕婦的心情。產檢時，助產士主要以聽胎心音的物理性儀器，檢測孕寶寶的心跳。概念上，我覺得有點像把脈，非常神奇。被認定為健康的孕婦，整個孕程通常只會照兩次超音波，因為太多的超音波被認為會干擾到孕寶寶。

對於這種低醫療介入的產檢概念，我真心覺得有好有壞。自己懷孕時，高齡又是第一胎，但又沒什麼害喜，所以初期真的沒有感覺到懷孕。見到助產士之前，都是非常忐忑不安的。在等待第一次胎心音的那幾秒鐘，覺得特別漫長，感受到心跳的瞬間，雖然沒有歡呼，但真的是鬆了很大的一口氣啊。

不過所謂的高齡，也是我自己判定。相較於台灣明確界定三十四歲以上就是高齡產婦，就要注意唐氏症篩檢，並且給予補助，荷蘭整體對於這件事情有著截然不同的觀念。在荷蘭，唐氏症篩檢是包含在遺傳性疾病的檢查中，由孕家庭自己決定要不要去私人醫療機構的選擇性自費，並不會因為孕婦高齡就給予補助。

在荷蘭繳納保險後，一般性的醫療幾乎免費，生產住院也是，相比之下，這個遺傳疾病的檢查要將近三百歐，並不便宜！既然連一般性的產檢都如此崇尚自然了，荷蘭這邊也不流行所謂的４Ｄ超音波，助產士單位與醫院不僅沒有提供４Ｄ超音波的服務，也不會主動提供相關資源與訊息。

外籍人士在荷蘭生產可能會需要一些額外幫助，語言上，或許因為我在南荷蘭，多數醫護人員都有相當流利的英語，但我也遇到過幾乎完全不會說英語的護士。但不管如何，畢竟醫療制度不同，外來移民的孕家庭容易感到有些無助。助產士有介紹了解荷蘭生產制度的英語課程，在荷蘭當然很少課程是免費的，以我們收到的那個課程為例，週末兩天共十二小時的課程，就要三百五十歐。除了課程，不少家庭也會聘請陪產員（Doula），在懷孕期間和產後，提供孕家庭和孕婦額外的支持。

荷蘭人在家生產迷思

當開始查詢荷蘭生產相關資訊時，我發現很多人對於荷蘭在家生產這個現象有些迷思。確實，荷蘭目前仍然以「較高比例的居家生產」而世界聞名。在二戰後，最高一度有達八〇％的在家生產比例。然而進入現代醫療系統後，WHO的資料顯示，二〇一〇年全荷蘭大約僅有三〇％左右真正在家生產，到了二〇一三年，更是只有十六％。現在當然還是有人選擇在家生產，但大多數的荷蘭人其實是在醫院生產的，所以大家可以放心，如果在荷蘭生寶寶，醫院生產是很常見的。

貼心的荷蘭育兒物資箱

懷孕中期，助產士就會提醒孕婦聯繫個人的保險公司，登錄產檢單位的資訊，保險公司在孕期約八個月時，會將「育兒物資箱」寄達家裡。由於在荷蘭購買醫療保險是必須的，所以和前述的自費檢查、課程和陪產員不同，育兒物資箱還有接下來會介紹的寶寶管家，可說是所有家庭不受經濟影響都可以使用的協助。

荷蘭的「育兒物資箱」裡有哪些東西呢？防羊水破的隔離墊、產婦需用的衛生用品（例如產褥墊和鋪在床上的清潔巾）、消毒用七〇％的酒精、乾淨的棉花球、乾洗手等簡單照顧用品。整箱價值應該僅約三十歐元。不過，同樣是育兒箱，荷蘭這裡並不特別強調，小孩要睡在紙箱中。

有人要問，這樣的小箱子幫助大嗎？當然，沒有人會為了這個物資箱生孩子，但這個物資箱對孕家庭確實幫助不小，特別是我們這樣的海外家庭。它省去了很多預備的麻煩，產後回家不僅可以馬上使用，即使需要添購，也可以拿著商品直接到店家去詢問，這樣即便是比手畫腳，都可以順利買到。例如，消毒用七〇％的酒精，真的太好用了，產後我們馬上又到商店添購一罐。這個育兒箱裡面，通常也包含如果產婦選擇在家生產的其他所需物品。

生產最後預備：產前訪談員來家訪

荷蘭另外有個特殊產後照護制度：「Kraamzorg」。在荷蘭，產婦生產後，就會有居家照護員來幫忙有新生兒的家庭約一週，有人稱「荷蘭月嫂」，但我更喜歡另一個翻譯：「寶寶管家」。機構是私人公司，產婦可自由選擇要由誰服務。「寶寶管家」的費用由保險公司給付，準爸媽依投保條件不同，給付部分金額。懷孕第九個月，機構會先派產前訪談員來家訪。家訪時，會詢問準爸媽，新生兒回家後的計畫，包括睡眠安排、還有哺乳打算。決定親餵和外國人家庭，都會得到額外的服務時數。以我們家為例，總計得到約五十小時的服務。這裡可以看出，不論是否鼓勵母乳親餵，但荷蘭社會體認到打算母乳親餵的家庭，需要更多的協助。

產前訪談員也會提醒孕家庭最後須要注意的預備事項，並針對居家環境提出適度的建議。不過，建議畢竟不可能事事都達到，所以還是要依個人實際情況做調整。例如，訪視員當初建議樓梯要加裝安全扶手，這確實是很重要，但生產在即，我們又是租房子，實在不太可能進行改裝。在訪視時，如果訪視員發現是高風險家庭，就會做適度的紀錄，那如果是像我們這樣的海外家庭，就會註記要派遣英語流利的寶寶管家來幫忙。

另外很特別的是多數家庭會被要求墊高床鋪，這個有制式的器材可以租借，把床鋪從四個角整個抬高，理由是當寶寶管家需要彎身確認孕婦恢復狀況時，才能避免彎腰太過，產生職業傷害。我們依照指示做了，但是當寶寶管家來的時候，我親自示範給她看，若真的依照荷蘭規定的高度，我因為個子矮，又產後體虛，連床都爬不上去。寶寶管家很體諒地說，這種狀況真的不適合架高床鋪，所以很快就把增高器材取了下來。

在生產最後這個預備溝通的過程，準媽媽準爸爸，尤其是第一胎都是非常緊張的。但是荷蘭這些相關系統，不管是這時來訪的產前訪談員，或者她跟我們說明的產後寶寶管家制度。都讓我這個外籍媽媽感到非常的安心，可以專心準備去生寶寶啦。

荷蘭人也坐月子嗎？

寶寶管家到你家

在荷蘭生產非常好的一點就是，生產後產婦應該都是獨居的單人房，母嬰同室，然後爸爸可以睡在沙發床，對於新生兒家庭，這真的是非常好的福音。一般來說，看時間，順產的產婦也很可能當天就出院。這不僅反映這裡的醫療概念，就是資源要保留給真正需要的人，還有真的就是傳統上荷蘭人覺得生產不是病。我認識一位荷蘭長輩，第二胎自然產生完，隔天就騎腳踏車出門去買菜了，她還說可以毫無負擔的騎腳踏車真的是太痛快了！

飲食上，醫院就是提供一般人的正常飲食，我生產完，護士立刻端上常溫果汁，因為太渴了，實在也顧不來這麼多。然後因為哺育母乳，而且也許是體諒孕婦生產辛勞，我一直被鼓勵喝果汁，於是住院期間就喝了不少蘋果汁。產後第三天出院回到家，喝到有著中藥味的熱湯時，才覺得自己是在坐月子的產婦。

不過外國人坐月子嗎？過去我自己也廣泛性地認為外國人不做月子，但產後來協助的荷蘭寶寶管家，根據專業知識，強烈建議產後六週是黃金休養期，不僅不可以提重物，也提到很多產婦不適的症狀，會在產後六週自然消失，所以荷蘭人多少也注重產後的休養。話說，寶寶管家，真的是幫了不少忙啊。

荷蘭特殊的產後照護系統

寶寶管家（Kraamzorg）是荷蘭產後的特殊照護制度，歷史悠久，從早期的私人經驗，傳承到一九二六年，荷蘭政府基於公共衛生考量，更積極介入的現代化護理培訓。現代的荷蘭「寶寶管家」是受過專業訓練的護理人員。

產婦出院當日聯繫後，「寶寶管家」就會算好出院時間來到家裡來，幫助安頓產婦和嬰兒。這個特殊的制度，反映著社會對於生產與照護的看法。首先，這代表荷蘭人體認到，新生兒的家庭是需要額外協助的，不僅產前檢查重要，產後的照顧也很重要。

寶寶管家的服務時數安排，會分散在產後的八天左右，時數由長至短——前幾天是每日約八小時，然後逐步減少，最後兩日可能只有四小時左右。逐步褪除，也是讓新生兒家庭慢慢的習慣新生兒的加入。

每日寶寶管家的例行工作包括產婦傷口檢查，產婦體溫測量、寶寶體溫體重測量、協助寶寶清潔、母乳哺育姿勢指導、示範並教導新生兒父母嬰兒照料等技巧。同時協助打掃、家務整理和烹飪簡單的飲食。所有寶寶管家蒐集來的數據和當日狀況，會詳實紀錄在制式手冊上，萬一產婦或新生兒臨時有需要回診，醫師就可以有前幾日的資料可以參考。

此外，如果產婦或嬰兒有特殊狀況，寶寶管家也會與助產士、醫院保持密切聯繫。各種新生兒的問題，寶寶管家也都可以提供合理可能的醫學解釋。相較於只憑個人養育經驗，寶寶管家所提供照顧新生兒的建議，讓人更為安心。

寶寶管家的制度雖然好，但這幾年觀念，也一直再演變。荷蘭社會一直希望增加父親有薪陪產假，這會在社福經費上排擠到本來給寶寶管家薪資的相關補助。同時社會認為未來寶寶管家的功能，應該要更集中在產婦與新生兒的醫療照護上，家事方面，不僅現代化的電器，吸塵器、洗碗機、洗衣機都可以協助，同時父親也應該負擔更多產後的家務責任。

在職業展望上，由於寶寶管家薪水略低於助產士和護理人員，所以目前在職人員年齡偏高，未來荷蘭社會如何思考寶寶管家的角色定位，恐怕也將是這項制度能否延續的因素之一。

寶寶管家的智慧

寶寶管家在我們產後，提供了非常多的協助。在她的指導下，我們知道要如何幫助小孩註冊衛生中心，寶寶出生時有輕微黃疸需要檢查，她也馬上告訴我們該怎麼做。當伴侶外出去採買或送資料辦理戶口時，她就能協助照顧小寶寶，讓媽媽適度休息。

另外，寶寶管家也提供心理支持。她除了指導怎麼餵母乳，我記得當時不論哺餵多少，她都很正向的鼓勵說做得很好很棒。她也說寶寶如果哭鬧不休，很多時候並不是因為大人做了什麼事或者沒做什麼事，只要環境安全，把寶寶先放在房間，自己出去喝一杯水，深呼吸再回來處理就可以，千萬不要讓自己過於挫折。她也教導我的伴侶，怎樣幫孩子洗澡。當然我們也跟她學習了，**荷蘭特殊的橄欖球抱小孩法**，也就是像橄欖球員一樣，彎著手臂穩穩護住寶寶。我的手短，抱不住，但當伴侶以橄欖球法抱著寶寶時，寶寶感覺好像真的非常安穩呢。

新生兒拜訪爸媽的辦公室

在荷蘭生產完後，新手爸媽就要快快準備寄卡片，正式通知親友，寶寶平安來報到啦。通常卡片上會有新生兒的照片和姓名，親友收到卡片後就會陸續來看寶寶，卡片要在幾天內就寄出才不算失禮喔。所以荷蘭產婦雖然也被鼓勵多休息，但並沒有坐月子期間不探望的傳統。

對來探訪寶寶的親友，主人家會招待一種灑有茴香小糖霜的點心，這個點心很特別，在烤得酥脆的圓形乾麵包塊抹上一層奶油，然後撒上裹著小糖霜的茴香粒。茴香小糖霜女孩是粉色，男孩則是藍色，皇室則有專用的橘子色。在醫院，我生產完，護士也是馬上端上這種小餅乾給我吃，除了祝賀，據說茴香也可以補充體力。

第二個很重要的，就是父母親也要盡快安排時間，帶著小孩「本人」和茴香小糖霜點心到工作地點，讓小孩跟同事們打招呼，行個見面禮，所以多數的荷蘭小寶寶，還沒有滿月，就已經開始趴趴走啦。我也在這次經驗中體會到荷蘭人真的是很愛買花，當寶寶和我去伴侶的辦公室拜訪時，伴侶的老闆還送了我一束花呢。

在荷蘭的幼學生活

擁抱文化中的差異

很多家長都表示開始養育寶寶，好像又闖進了另外一個世界。這個感覺在海外更是明顯，更多的新名詞、新事物、新法規須要學習。首先，我開始認識更多媽媽朋友，這些媽媽朋友都會說，好啊，那下一次媽媽日再約。剛開始搞不懂什麼是媽媽日啊，是指媽媽好好放風的日子嗎？

不對，不對，原來當家有新生兒，荷蘭的父母親就會思考要不要調整減少工作時數，很多家庭不僅有媽媽日，也會有爸爸日，這是指爸媽專職帶小孩的日子，所以常常可以在咖啡店看到爸爸們和小寶寶單打獨鬥的身影。不過，我們自己周遭發現，荷蘭爸爸安排爸爸日相對普遍，但國際人士，特別是工作移居的朋友，不論是安排爸爸日或媽媽日都非常少。當然背後還有其他原因，就是荷蘭托嬰真的太貴了！有些家庭算盤撥一撥，可能會發現，既然上班不會多賺錢，那不如減少工時，甚至降低稅制，不僅少繳托嬰費，也可以好好來陪伴孩子。

在荷蘭，大城市每日的托嬰費用，可能會高達八十五到九十五歐元（約新台幣二千八百元~三千二百元）。雙薪家庭雖然享有政府的托育補助，按照收入去計算，收入高的補助少，且以工時比較少的一方為基準，補助1.4倍的時數。意思是，假設父母有一方，非全職，每週工作只有十五小時，補助就是二十一小時的部分托嬰費用，其他多的托育時數就得全額自付。但由於多數托嬰都是按日計費，所以不管怎麼算，常常是要多付的。

因此，如果媽媽沒有工作，在荷蘭完全不送托嬰是常態；可以申請補助的，則精打細算以符合最大效益。荷蘭祖父母雖然不常成為育兒的主力，但多數還是會予以協助。我的荷蘭女同事產後調整工時為三天，但托嬰就只送兩天，一天請祖父母協助，以節省費用。另位荷蘭太太，公婆每週協助照顧一天，讓全職媽媽可以轉換心情。

荷蘭的公立幼學體驗

育兒的照顧壓力，到了兩歲會稍微減輕。荷蘭的幼學從兩歲開始，各地區都有收費相對更友善，混齡二～四歲的公立學前教育可以申請，這個收費對單薪和低收入的家庭更為便宜，主要是希望鼓勵家長把孩子送到公立幼兒園。

背後的教育理念就是荷蘭社會認為這個二歲以上的孩子，應該開始適應團體生活，學習人際互動，只在家中和家庭成員互動是不夠的。同時，公幼還有一個很重要的目標，就是提供荷語教育。多數地方政府也都有額外補助外國人家庭公幼的托育時數，在公幼中，孩子透過輕鬆的主題教學，也學習不同的生活規範。

公幼每天都是半天，我們因為雙薪家庭，需要工作，孩子三個月就開始去三天的全日托，但是她兩歲時，又增加她參與公立學前教育的托育時數，雖然沒有額外補助，但主要目標是希望她能夠多學些荷語，同時，我們也看重公立教育提供的真實感。畢竟，會送私立托育的都是雙薪家庭，社經地位相對比較有利。

確實，公幼學前班同學的組成如預期的比較多元，在此之前，私立托嬰中心僅有少數的亞裔面孔，班上幾乎沒有非白人的同學。在公幼中，則有一半是不同膚色種族的同學，而且同學媽媽大多數是家庭主婦。在跟公幼老師的入學晤談中，她們也明確指出，提供移民或低社經地位的家庭資源和協助，是公幼的教學目標之一。

然而，即使自身懷抱著對公立教育美好的想像與經驗，在小孩三歲時，我們仍然決定將她轉學到國際學校的學前班。

國際學校的學前班

是否就讀國際學校，一直是我們這樣在第三地養育小孩家庭必須考慮的事情，我承認，不管怎樣，應該都是個不容易的決定。

二〇二〇年，世界出了件大事，新冠肺炎疫情來襲，歐美各國陸續進行不同程度、不同階段的封城停學，然後又復學。多數政府疫情的相關決策不僅依據數據和科學，也受文化觀念所影響，很多政策要放在文化裡解讀才合理。我們還是喜歡荷蘭，也感謝這裡提供職涯發展的機會，和各種有趣的文化與生活體驗。然而在這波疫情中，好幾個時刻，身為異鄉客的感受尖銳而強烈。

也是這樣而突然理解到，身處在一般的荷蘭公立教育，不僅正式溝通都是荷蘭文，少了家長間的口耳相傳和互相支持，加上當下的訊息太多，外籍人士很容易覺得孤單和無助。努力適應的同時，也意識到自己需要被理解是外國人，承認需要多一點幫助，不是示弱，是自知之明。所以就讀國際學校的優勢，因為改為英文溝通，家長就可以更快速的掌握訊息，更知道要做什麼，同時也更有機會和學校做雙向的溝通。

另外，這也是更深入了解荷蘭教育系統後的決定。在荷蘭，公立學校是免費，私立國際學校學費大概是二萬五千歐元一年，教育費用相當可觀。然而，荷蘭政府因為有大量的國際人士來這裡工作，所以也在公立教育系統中設立國際學校，學生學習以英語為主，但也學習荷蘭語，然後必須是有「需要」，例如像我們這樣的國際移居家庭，或者是將來要外派或外派剛回來的荷蘭家庭，才可以申請入學。這種國際學校，整體學費便宜很多，一年大約五千歐，財務壓力大大減輕，最後決定就讀也比較不掙扎。

轉學到國際學校的學前班又是另種風景。首先，家長組成又改變了，或許因為都是移居人士，大家很快的就彼此認識。幾乎每個家庭都是專業中產的雙薪家庭，同時跨國搬遷的經驗豐富。班上有家長是剛從中南美洲和亞洲居住八年後搬回來的荷蘭人，聊天中，她常常會主動詢問大家，在文化上，是否有什麼需要幫忙解釋的地方。她甚至坦承，她是在去了海外後，才理解到荷蘭人在聖尼可拉斯節中，有著黑彼得這個角色是多麼荒謬的行為。

由於國際學校的學生，來自不同國家，也並不是每個家庭都說英語，所以學校最開始教導小孩的語言是簡單的手語，透過手語溝通，老師可以很快知道小孩的需求。在這裡，同學們共同變裝慶祝了萬聖節，因為這個節日在荷蘭本地並不太盛行，這是幾年以來，我們家第一次慶祝萬聖節。家長們對老師的感謝也擺在十月五日的國際教師節，合資送了小禮物給老師。國際學校學前班的教學資源相當豐富，學生安排的課程裡，有幼兒音樂課和幼兒瑜珈課，還有體育課，都是另外聘請老師來授課。最大也最方便的事情是，再也不用把每一封學校的通知信，都翻譯英文，每封通知都是英文和荷蘭文並存，我也同時因此有機會進到家長會中，共同參與學校事務。

進行式中的海外教育反思

不同教育制度，其實都在傳遞不同的價值觀和文化。坊間不乏推崇荷蘭教育制度的書籍和分享，這些作者雖然都是外籍人士，但多半都是嫁娶荷蘭人，考過語言要求，或參與融入教育課程，融入教育課程背後的概念是荷蘭政府認為與荷蘭人婚配者，既然要留在荷蘭，就有融入這裡的義務。這是不少歐洲國家對於外來者的想法，目標是希望幫忙移民者跟地主國的文化接軌，但也是一種文化的強勢輸入。

在這樣的背景，真的會比較容易和擁抱文化中的差異，也更有動力去試著學習在地語言，融入當地。其實，如果從教育工作者和在地參與的角度來看，我也會建議，父母親某一方是荷蘭人或打算移民久居荷蘭者，荷蘭的公立學校確實是非常適合的選擇。

但對於像我們這樣，兩方都不是荷蘭人的，每個家庭的就學考慮就不太一樣。周遭朋友有讓孩子就讀最常見的荷語公立學校、也有就讀具特殊教育理念的華德福或是蒙特梭利學校、也有讓孩子就讀國際學校的。大概沒有什麼是唯一或最好的選擇，還是要看整體性的家庭資源和未來父母親的職涯規劃。

日常成長在荷蘭

協助孩子邁向獨立

育兒是個私密的經驗，它不免成為個人教育與哲學觀的實踐，而如果幸運，這經驗也會反過來挑戰修正個人的價值觀。我既不認為生活該以幼兒為中心，也不認同幼兒該生來配合成人，這是互相融合學習的歷程。而在荷蘭這個嶄新的文化裡，有幸透過育兒這個活動，從另個角度切入，理解這裡，這是一段我們家在荷蘭共同成長的歷程。

整體說來，在荷蘭養育小孩有著相當不錯的經驗。其中一個很具代表性的例子，就是這裡可以很容易帶著孩子和她的推車，搭乘大眾運輸工具。不論是公車、電車、火車，上下車廂時，總是有年輕力壯的青年人或親切的年長者，主動幫忙把推車扛上運輸工具。車廂裡也有專門的位置可以直接停放推車。在孩子年幼時，不用手忙腳亂地把軟綿綿的娃娃抱起來和收放推車，大大增加出門的方便性。

天氣好的時候，推著娃娃推車出去喝杯咖啡和啤酒，也很常見。絕大多數的餐廳都有兒童座椅。多數的餐廳，侍者來點餐的同時，也會帶來蠟筆和圖畫紙，甚至玩具，專門給孩子打發時間。有個知名的美國部落客來荷蘭旅遊後，開玩笑的在自己的頻道上說，她拍的好多有趣短片都不能使用，因為到處都是青少年或小孩。確實，在荷蘭，小孩和青少年的身影很多，而且不一定有大人陪伴。

荷蘭人的教養理念

在教養理念上，荷蘭人相當鼓勵探索，我家寶寶剛出生時，寶寶管家就建議不要給孩子戴手套或用束縛巾，她說被綁起來，孩子初始就不能自由移動探索環境。在托嬰中心和學前班，也都提供各種有趣的探索活動。孩子一歲多的時候，托嬰中心就讓她們用手沾顏料做畫，既然顏料一定會弄髒，那乾脆就讓孩子們打著赤膊吧。照片上每個孩子身上不同部位沾滿著不同顏色，像花貓一樣，共同處是每個人都笑得很開心。

荷蘭人也重視如何逐步的協助孩子邁向獨立，托嬰提供的三歲評估，很重要的一項就是這個孩子能不能照顧自己。什麼是照顧自己呢？當孩子肢體成熟到可以站立蹲下，約不到兩歲時，就開始練習蒙特梭利法的外套穿脫，也就是把外套平鋪在地上，內裡朝上但上下顛倒，然後雙手套進去，外套甩過頭，我的小孩兩歲時，外出就可以自己穿外套了。三歲時，進教室的標準流程，是自己脫下外套，拿出小衣架後掛好放回去。

當孩子四歲入學時，基本的期待是小孩子會自己如廁和善後。雖然對於不同發展狀況的小孩有不同的挑戰，例如有些家長也會抱怨，小孩處理的不好，回家時內褲都髒髒臭臭的。但即使如此，讓小孩有機會練習，獨力完成，是很重要的理念。另一個很重要是四到六歲的學習重點，是社交互動和學習表達自己的意見，這時期雖然也稱為上學，但並沒有正式教導閱讀和算術。荷蘭整體環境安全，小孩通常八或九歲就會單獨和友伴到公園玩耍，大人不需要陪伴，而大概到了十或十一歲，荷蘭小孩就會自己騎車上下學。

規律作息和紀律的重要性

孩子兩歲之前會頻繁地定期到衛生所體檢，在這裡衛生所的醫護會仔細詢問孩子的發展狀況，並且依照年齡給予各種照顧建議，包括鼓勵家長讓孩子練習自主入睡、何時要戒奶嘴、何時要戒夜奶、何時該開始刷牙等等。

其中，不論是公家單位如衛生所或私人親友，大部分都會強調規律作息的重要性。規律的作息從兒童發展的觀念來看有很大的好處，不僅讓照顧變得更為容易，同時規律作息帶來的可預測性，也會讓小孩更有安全感。有些荷蘭家長非常嚴格執行規律作息，在小孩年幼的時候，一定在午睡時間前回到家，為的就是能讓小孩睡在自己的小床上。我雖然也推崇規律作息，但並沒有這麼嚴格執行。

在荷蘭，年幼的孩子，二歲之前約是七點上床睡覺，二～三歲間和更大年紀約是七點半，最遲不超過八點。很多歐美國家，都是如此，這讓不少台灣爸媽嘖嘖稱奇！小孩早睡當然有些好處，尤其是像我們家這樣自行入睡的小孩，唸完故事書，執行完睡前儀式，小孩準備睡覺，時間還早，爸媽還可以做點自己的事情。

不過我也想從教育和發展的觀點提醒，小孩子需要陪伴入睡也並不一定不好。睡眠問題是很有階段性的發展，有些睡眠困擾就是那個階段會遇到的發展議題，不同孩子也有不同的脾性，而怎樣教養照顧，說穿了也和文化、習慣有很大的關連，不能當成絕對的標竿。

為什麼荷蘭小孩可以這麼早睡呢？很重要的一點是他們約在三歲後就慢慢的不睡午覺了，下午沒睡覺晚上當然會想要早點睡。但是，很多家長沒分享到的是戒斷午睡的影響。因為沒有午睡，下午四點半過後，小孩通常會非常疲累，有些甚至會脾氣不好，這時家長就得要多點耐心。而且荷蘭孩子能早點上床的原因，也是荷蘭商店五點就關了，大人下班比較早，外出用餐也比較不興盛。

另外，荷蘭緯度較高，夏天的時候，快九點太陽才會真正下山，所以很重要的是小孩房間一定要選擇完全遮光的窗簾。但即使如此，外面天色亮亮的，小孩就得上床睡覺，孩子有時也感覺不太適應。

其實前面提到的和自己教養觀都還滿一致的，所以要接受理解都相對簡單。但我也有對於荷蘭教養觀念不適應的時候，例如，荷蘭對身體態度是較為開放的，所以在荷蘭的沙灘或湖邊上，年幼的小孩子不分男女，上身裸體是滿常見的，而且這可能會到四～五歲都是這樣。天氣很熱的夏天，玩水是托嬰中心的慣例活動，三歲的小女孩，脫到剩下小內褲和同學快樂踩水。經驗雖然有趣，但因為自己不是來自這樣的文化，所以難免對於裸身還是有點疑慮。

但是如果在大家都裸上身的情境中，又非得堅持自己的小孩要穿上泳衣，又擔心自己是否小題大作，反而把孩子標記出來了，我們已經是外籍人士，實在不需要這些多餘的標籤，仔細思量後，還是選擇了入境隨俗。

隨處可見的親子友善空間

在荷蘭養育小孩另一個很推崇的是，到處可見的親子友善空間。我家附近走路十分鐘可及就有六個以上的開放公園，而這些公園又有各種不同玩具和器材。有的是大滑梯和鞦韆，有的有沙坑和彈跳床。公園場地都不算大，但非常容易到達是很大的優點。除此之外，鎮上的兩頭也有兩座免費的親子農場，可以讓爸媽帶著孩子隨時拜訪。

荷蘭第一座親子農場設立於一九三六年，理念是有感於各地愈來愈都市化，這類社區內可親的小型農場，可以讓孩子們有機會接觸原野和動物。目前全荷蘭大概有五百多座這類型的農場，一般小學也會善用這個資源，進行各種戶外教學。

農場裡有不同種類的兔子、雞、山羊、豬、迷你馬等等農家動物，還有禽鳥和孔雀。全部採開放式，荷蘭小孩的習慣是穿著雨靴參觀農場，因為既然踩到雞屎羊屎是必然的，回家洗一洗就好。我家孩子最喜歡的農場活動是騎迷你馬，由工作人員牽著韁繩，拉著馬繞農場一小圈。雖然馬矮人小，但看起來有模有樣，非常可愛。農場也接受活動預約，年紀小的朋友可以舉辦農家主人的主題生日派對，年紀大一點，也有餵食刷洗馬匹，騎馬障礙賽挑戰的活動可以選擇。

據說有些歐洲國家父母親，特別是英國和法國，會焦慮於如何安排年幼孩子的學習和社交生活，蒐集一日劇院、音樂課、寶寶芭蕾等各種充實活動的資訊。我查過資料，這些活動荷蘭也有，但接受報名參與的年齡都比較大。整體來說，荷蘭小孩在年幼時被鼓勵要多到公園或戶外跑跑跳跳。除了公園親子農場，大一點孩子的周末會參加足球或是童軍活動，而且晴雨不歇，荷蘭秋天就開始濕冷，曾經有台灣來的媽媽朋友不捨地說，看著孩子在雨中奮力踢球的身影，真是又感動又擔心。

除此之外，在長假期，很受歡迎的活動就是騎腳踏車的挑戰。鄰居家有三個男孩，最小的約十歲，去年暑假，鄰居爸爸帶著他們挑戰一日台夫特和阿姆斯特丹的騎腳踏車，單程大約要騎四個小時，回程搭火車。我剛好在鄰居進家門前碰到他們挑戰完成回到家，十歲最小的那個男孩回來時雖然滿臉疲倦，卻掩不住挑戰成功的驕傲。

荷蘭小孩早餐就吃巧克力？

飲食習慣大不同

第一次帶孩子回台灣探親時，她一歲兩個月。我遇到很多長輩朋友，甚至路人都讚美過她吃飯很棒，還有人說外國小孩吃飯就是不一樣。這個不一樣大致包含，小孩可以自己吃不用餵、可以坐在餐椅上。那時，只要有機會，我就會解釋外國小孩吃飯不一樣這句話固然牽涉到教養和文化的差異，其實和各地飲食習慣，以及每家各自的生活方式也都有些關聯。

在荷蘭，因為飲食習慣不同，小孩的副食品比較不會有機會吃各種可口的米粥。相反地，七、八個月大，小孩可以坐直，就會開始給很小塊很小塊的麵包，讓他們自己拿著吃。果然，荷蘭人對麵包的喜好是從小培養的。吃麵包比吃粥容易操作，所以在孩子還很小的時候，很多荷蘭父母外出用餐，就是打包幾片麵包，連兒童餐具都不用帶。

在荷蘭托嬰中心提供的食物，午餐如果是熱食的，因為要兼顧不同家長多元文化的飲食習慣，所以很多都是提供素食，冷食的話就一律是麵包起司火腿片。兩餐固定的補充點心，早上是水果，下午是一盤新鮮生菜，紅蘿蔔、甜椒或花椰菜。小朋友到了下午，玩了一天，通常都很餓了，所以大部分都會吃下不少蔬菜。這個飲食習慣，算是相當不錯。

但總是有讓人滿臉問號的時候，很大的挑戰就是荷蘭的巧克力米，而且還是被當成正餐的一部分。有人打趣的說，難怪荷蘭小孩是世界等級的快樂，畢竟他們的一天，可是從沾滿著巧克力米的土司開始。對，在荷蘭，和新式幼兒健康飲食指南背道而馳的是，荷蘭小孩很早就開始接觸高糖分的巧克力。而有種被稱為非常荷蘭式的早餐，就是吐司抹上奶油，再灑上巧克力米（Hagelslag）。當然除了巧克力，還有其他不同顏色的裝飾糖粉粒，它們共同不變的味道就是都很甜。

這種可以撒在吐司上的裝飾，已經在荷蘭的餐桌上有近百年的歷史。由於這個真的是太常見的飲食文化，撒著巧克力米的土司也常是托嬰中心和學前班點心。這對於，並不希望讓小孩子太早接觸高糖分飲食的家庭，確實是個困擾。

幼年養成的飲食習慣對於肥胖、心血管疾病和肺部疾病等都有高度相關。目前荷蘭開始有些健康計畫，倡議不要給荷蘭小孩太早接觸高糖分的巧克力，甚至還有人投入國小午餐習慣改革，盡量避免以巧克力作為正餐的一部分。然而如同大家可以想像的，要改變一個快一百年的飲食習慣不僅相當困難，更不要說對抗的還是超級美味的巧克力呢？走一趟荷蘭超市，看看大家的推車，巧克力仍然是荷蘭家庭的心頭好。

除了前述，荷蘭和台灣飲食習慣當然還有其他差異。例如，不管天氣冷熱，荷蘭人，應該說多數外國人，都是直接冰牛奶打開就喝。我的台灣朋友一開始習慣為孩子微波溫熱牛奶，等大一點，在托嬰午餐時，孩子想喝溫牛奶，老師完全不知道他在說什麼。有位台灣朋友在辦公室習慣性的加熱牛奶，也常被友善地詢問是不是身體不舒服。

另外，幾位台灣朋友，也都曾經因為飲食習慣不同，在衛生所做例行健康檢查時，被問了一些挑戰性的問題，而感覺冒犯。我的小孩有魚類過敏，所以曾經被「指導」說，那是因為你們亞洲人要吃魚，父母只要選擇不吃魚，就不會有這個問題。朋友也被指教過說，以米飯當孩子的主食，容易營養不均衡。

不過，雖然被冒犯了，但我傾向不要以種族歧視來解釋這些行為。我認為這些指教，多半都還是來自不太了解其他不同文化整體性的飲食習慣。例如，亞洲魚類選擇豐富，吃魚是文化的一部分。米飯只要搭配得宜，也可以有菜有肉很均衡。同時，正如我先前說過的，荷蘭也有不少人因為自身缺乏國際經驗，對外國人不是很尊重，也不是很理解。只能說，既然在別人的土地上，有時神經放大條些，還是必要的。

跨文化小孩的教養挑戰

自我認同的大哉問

在社會學上，在跨國婚姻第三地家庭中成長的小孩，都可以被稱為是跨文化小孩（Cross cultural kids）。最大的特色就是孩子在成長期，會持續的接受數種文化與語言的薰陶，體驗不同文化。這種成長方式，可說是這個孩子生命的祝福，但同時也是父母教養和適應上的挑戰。

荷蘭人的主體文化很清楚，他們也很驕傲於自己的文化特質。但同時他們卻也深受美式文化影響，不僅常常可以聽到美國流行歌曲，不少荷蘭人也知道很多美國文化。文化當中雖然也找到亞洲元素，但是東南亞的文化比較明顯，如果想在這裡保留一點台灣文化，就得自立自強。

第一個挑戰當然就是中文學習和閱讀中文童書。在荷蘭，各地都有相當不錯的圖書館資源，定期的說故事活動、豐沛的書籍和遊戲空間。我們市政府給的嬰兒出生賀禮就是一年免費的圖書館會員資格。然而，絕大多數的荷蘭圖書館是沒有中文藏書區的。如何建立家庭中的中文圖書館，可說是每個海外台人家庭的挑戰。此外，荷蘭週末通常是家庭活動，尤其是週日，大概就是全家聚在一起。唯一彈性的學習時間，是週六下午，那這麼寶貴的時間，要讓孩子參加中文學校還是足球俱樂部呢？有時也是一道兩難選擇題。畢竟對於海外家庭有機會多接觸母語非常重要，但讓孩子參加荷蘭常見的運動足球俱樂部，也是很好的選擇。怎樣讓孩子在兩個文化中，都能夠調適的好，並不容易。

另外還有飲食習慣，除了慣吃麵包和米飯的差異，荷蘭人通常只有晚餐熱食，這點也和我們的習慣不同。有些台式烹調慣用的食材，這裡也不容易取得。還好，雖然說民以食為天，但我覺得這點也是最好克服的，只要有蔥有肉，有罐醬油，適度爆香，台式熱炒就出來了。

最後其實也最大的議題就是自我認同。關於，我是什麼人，我是哪裡人的大哉問？地球公民的理念講起來簡單，真的實踐起來還是很困難。當父母親一方是在地文化時，難免會有強勢和弱勢文化的差別。而像我們家這樣，住在第三地，家裡美國和台灣文化就是大約各一半。那如果父母親都來自台灣，可能家裡要保持台灣文化會相對容易些。只是也很值得關注的是，如果移民家庭把外面的世界和家裡隔開來的這種安排，會對下一代的發展產生什麼影響？

荷蘭的摩洛哥移民就是個很值得深思的實例。早期荷蘭有第一代摩洛哥移工，後來政府讓這些移工可以合法申請居留，很多人就留下來了，有的把家鄉年幼的孩子接來，有的從故鄉找來婚配對象在荷蘭成家。

居留後，第一代移民的父母繼續拚經濟，小孩就交給阿公阿嬤帶，家裡關起門來，裝小耳朵看摩洛哥的電視，往來都是摩洛哥社群，和荷蘭文化接觸很少，第二代移民荷語居然講得更不好，對荷蘭的認同也很低。荷蘭的記者二〇〇八年還做過阿姆斯特丹摩洛哥社區的實例調查，那時所謂的第二代都已經差不多是中年人了，發現這些人因為教育程度不高，社會地位低落，經濟相對弱勢，有些甚至對於荷蘭社會是懷抱著敵意，這些對整個摩洛哥社群和荷蘭社會的關係是產生負向的影響。

在荷蘭有一項國民運動，就是踢足球。荷蘭有首幾乎人人會唱的足球應援曲，中文翻譯是「衝！荷蘭衝！」裡面講到穿著足球鞋的獅子，可以勝過全世界。二〇一九年荷蘭女足在女子足球世界盃衝鋒陷陣時，荷蘭正流行的一首歌，叫做「Wij Zijn Nederland（we are the Netherlands）」，歌曲講到「我們肩並肩一起戰鬥，因為我們是荷蘭人」。連我這個對荷語不懂的人都感染那種熱情氣氛，對於副歌朗朗上口。這些都是家庭生活以外，外在文化民族意識的標誌，平心而論，要平衡這樣的家內和外在世界的差異，對大人都不容易，對孩子來說更是不簡單。而且即使大人歸化，決心且拿到荷蘭護照，當被問起你是哪裡人時，真的就覺得自己是荷蘭人嗎？文化和荷蘭歷史糾葛的蘇利南人都不一定被認同為荷蘭人，那究竟誰是外來者？誰是荷蘭人？

當然，拉回來說，把討論過分聚焦於移民者是否「足夠融入」或「足夠同化」到移民國的文化中，把問題簡化成認不認同，是壓縮也是失去討論文化差異的空間。在經歷了這麼多後，面對不同文化和文化間的差異，我始終覺得很重要的是要學習如何與它們共存，不只是簡單地去說喜不喜歡，而是能夠反思，然後找到自己可以鍊接這個文化的點。接納和融入，是雙向的努力。

能更把成長時期接觸到的各種不同文化，都變成滋養孩子視野和胸襟的養分，是我身為母親教養跨文化孩子的目標之一。同時，我也理解，移居者想要被接納，除了期待對方改變，當然也要付出融入的努力。同樣的，除了期待移民來認同這個文化，也盼望原來裡面的人可以試著把門打開，幫忙移除障礙物。

後記

探索荷蘭的旅程持續前進中！

根據研究，移民移居的前五年是對新住地認同感的發展關鍵期。一旦感覺到被歧視或者有融入困難，就會增強對原有國籍與文化的認同。除了鼓勵在地人接納幫助外來者，學者也鼓勵新移民不一定要去認同國籍這種硬性的身分認同，可以透過參與某個組織或社區活動發展出更有彈性，包含著個人經驗的在地認同。

其實這幾年在荷蘭大學工作，當有機會進行國際交流活動時，大家看我，多數認知這個人是代表荷蘭的某個大學，我也是這樣自我認同著。

不論是來荷蘭或者到海外任何國家，既然已經走出了物理上的舒適區，也要積極走出心理上舒適圈。現在網路太發達，很容易在移居地找到都是來自台灣的朋友，這是好事。但是同時也要提醒自己，多主動和在地人互動，多理解在地文化。一旦自己的意見有機會被在地聆聽，通常也就會比較能調適。

身為移居者，除了注意到文化間的差異，其實也可以思考同而為人，彼此間共通的基本需求是什麼？不論是哪一種文化，只要是人，我們都需要有健康的關係、都希望能坦率表達個人的情感、需要有機會思考、需要創新、需要被認同、需要被聆聽尊重、需要感覺人身安全、和需要歸屬感。這樣想起來，其實大家的差異又變小了，好像又是同大於異。

很多人常常問我喜不喜歡荷蘭，這個問題真的好難回答。但我們住在這裡生活在這裡，好壞都概括承受，批判思考但也看這個文化的正向優點。

在本書完成的同時，我認識探索荷蘭的旅程持續前進中。很高興有這樣的機會，與大家分享這幾年的親身觀察，我認同的，也許不是大家都喜歡，討厭的也許反而是別人所欣賞的。但是，能夠體驗觀察，覺得自己真的很幸運。

註

了解荷蘭，參考資源推薦

- https://www.dutchnews.nl/（英文）
- https://dutchreview.com/（英文）
- https://www.iamexpat.nl/（英文）
- https://nos.nl/（荷文）
- https://www.oranjeexpress.com/（中文）

2AF356

船到荷蘭自然直！

樂天卻務實，慢活更快活，地表最高民族的幸福人生秘方

作者　任恩儀
責任編輯　李素卿
主編　温淑閔
版面構成　江麗姿
封面設計　走路花工作室

行銷企劃　辛政遠、楊惠潔
總編輯　姚蜀芸
副社長　黃錫鉉

總經理　吳濱伶
發行人　何飛鵬
出版　創意市集
發行　城邦文化事業股份有限公司
歡迎光臨城邦讀書花園
網址：www.cite.com.tw

香港發行所　城邦（香港）出版集團有限公司
香港灣仔駱克道 193 號東超商業中心 1 樓
電話：(852) 25086231
傳真：(852) 25789337
E-mail：hkcite@biznetvigator.com

馬新發行所　城邦（馬新）出版集團
Cite (M) SdnBhd 41, JalanRadinAnum,
Bandar Baru Sri Petaling, 57000 Kuala
Lumpur,Malaysia.
電話：(603) 90578822
傳真：(603) 90576622
E-mail：cite@cite.com.my

印刷　凱林彩印股份有限公司
2021 年（民 110）5 月
Printed in Taiwan
定價　360 元

客戶服務中心
地址：10483 台北市中山區民生東路二段 141 號 B1
服務電話：(02) 2500-7718、(02) 2500-7719
服務時間：週一至週五 9：30 ～ 18：00
24 小時傳真專線：(02) 2500-1990 ～ 3
E-mail：service@readingclub.com.tw

※ 詢問書籍問題前，請註明您所購買的書名及書號，以及在哪一頁有問題，以便我們能加快處理速度為您服務。

※ 我們的回答範圍，恕僅限書籍本身問題及內容撰寫不清楚的地方，關於軟體、硬體本身的問題及衍生的操作狀況，請向原廠商洽詢處理。

※ 廠商合作、作者投稿、讀者意見回饋，請至：
FB 粉絲團 · http://www.facebook.com/InnoFair
Email 信箱 · ifbook@hmg.com.tw

圖樣出處 https://www.flaticon.com/

若書籍外觀有破損、缺頁、裝訂錯誤等不完整現象，想要換書、退書，或您有大量購書的需求服務，都請與客服中心聯繫。

國家圖書館出版品預行編目資料

船到荷蘭自然直！樂天卻務實，慢活更快活，地表最高民族的幸福人生秘方 / 任恩儀 . -- 初版 . -- 臺北市：創意市集出版：城邦文化發行，民 110.5
面；　公分

ISBN　978-986-5534-50-9(平裝)
1. 人文地理 2. 荷蘭

747.24　　110003430